Lasset die Moneten zu mir kommen

Lerne Geld zu visualisieren und manifestieren

von Christoph Seilbach

Bibliografische Information der Deutschen Nationalbibliothek
Die Deutsche Nationalbibliothek verzeichnet diese Publikation in der Deutschen Nationalbibliografie; detaillierte Daten sind im Internet abrufbar über: > http://dnb.dnb.de <

Für Fragen und Anregungen:
c.seilbach@gmx.de

Lasset die Moneten zu mir kommen
1. Auflage, 2019

Cover: Jana Schuhmann

ISBN-13: 9781693102318

Weitere Informationen findest Du unter:
ogy.de/8jbz

Inhaltsverzeichnis

Visualisierung und Manifestierung - Was ist möglich?

„Wer sich sagt, dass er seine Ziele erreichen kann, wird unweigerlich Erfolge haben!“
Dalai Lama

Damit du überhaupt eine Vorstellung von dem Visualisieren und Manifestieren hast, solltest du erstmal wissen, was diese beiden Begriffe überhaupt bedeuten. Visualisieren heißt, dass du dir etwas im Geiste vorstellst, also praktisch mit deinem inneren Auge siehst. Das Unterbewusstsein denkt hauptsächlich in Bildern und ist mit dieser Sprache sehr vertraut. So erschaffst du mit deinen inneren Bildern die Realität und dies ist für die Wunscherfüllung nach Geld sehr wichtig. Jetzt musst du aber nicht meinen, dass du dir angestrengt einen Wäschekorb voller Geld vorstellst und dieser steht morgen in deinem Badezimmer – so einfach ist es dann doch nicht. Beim Visualisieren ist das Gefühl dabei wichtiger als das Bild selbst. So kann dies zu einer mächtigen Waffe werden, die alles in dein Leben zieht, was du dir wünschst.

Wie passiert so was Abgefahrenes, fragst du dich vielleicht? Das Gehirn kann nicht zwischen etwas das Real ist und etwas das nicht Real ist, unterscheiden und ist der Meinung, dass das, was du dir vorstellst, auch der Realität entspricht. Dabei musst du nur konstant dranbleiben und so oft visualisieren, wie es nur geht. Das ist so ähnlich wie Tagträumen. Fühlt es sich dann real an, dass in deinem Badezimmer ein Haufen Geld rumliegt, ist deine Vorstellung nun bis in dein Unterbewusstsein gedrungen und die Anziehungskraft des Universums wird alles daran setzen, dass du das, was du visualisierst hast, auch erhältst. In einem späteren Kapitel werde ich noch ausführlicher auf das Thema Visualisieren eingehen, damit du bestens ausgerüstet bist!

Das Manifestieren ist dem Visualisieren ähnlich, aber im Grunde genommen der zweite Schritt nach dem Visualisieren. Manifestieren heißt, dass sich etwas zu erkennen gibt, sichtbar wird oder man es in dem Fall sichtbar werden lässt. Es ist das bewusste Erschaffen der eigenen Vorstellungen. Du kannst vieles von deinem Leben bewusst gestalten, aber dabei kommt es nur auf deinen Bewusstseinszustand an.

Also: Beim Visualisieren geht es mehr um das Unterbewusstsein und beim Manifestieren um das Bewusstsein, alles klar? Leider gibt es Menschen, die es nicht schaffen, über ihren Tellerrand zu schauen und sich gar nicht vorstellen können, dass es viel mehr gibt, als das, was vor einem liegt. Aber auch für diese gibt es Hoffnung, denn man kann sein Bewusstsein erweitern. Schau dir die ganzen Kinofilme und Romane an – alle erzählen davon, was außerhalb liegen kann, wenn wir es zulassen. Das Problem ist jedoch, dass wir uns selbst nicht glauben und der felsenfesten Überzeugung sind, dass wir unser Schicksal nicht in der Hand haben. Vielmehr sind wir der Meinung, dass unsere Lebensumstände, andere Menschen oder sogar unsere Herkunft unser Leben bestimmen und wir einfach damit klarkommen müssen. Merkst du gerade etwas? Wenn andere Menschen unser Leben angeblich beeinflussen und bestimmen können, wieso wir selbst nicht? Sind wir etwa keine Menschen? Kannst du selber nicht bestimmen, einen besseren Job zu haben, um viel mehr Geld zu verdienen, im Lotto zu gewinnen oder sogar Geld auf der Straße zu finden? Natürlich kannst du das! Das Wort „bestimmen“ kommt von „Bestimmung“, also das, was du vom Leben erwartest, wirst du auch bekommen. Erwartest du viel Geld, bekommst du viel Geld. Bist du allerdings der Meinung, arm zu sein und kein Geld zu verdienen, dann wird es auch so passieren.

„Energie folgt immer der Aufmerksamkeit“
Émile Coué

Émile Coué war ein französischer Apotheker, der von 1857 - 1926 lebte. Er war der Gründer der modernen und bewussten Autosuggestion und war der Ansicht, dass unser Denken unseren Körper und unser Leben steuern kann. Wir müssen uns dabei nur bewusst machen, wie jeder Gedanke dazu beitragen kann, ob positiv oder negativ. So kann das Manifestieren deine Realität nach deinen Wünschen formen. Dabei ist so viel mehr in uns, was unser Leben beeinflusst, wie Versprechungen, karmische Belastungen, Glaubensmuster und Programmierungen. Darum ist es wichtig, dass du dein Bewusstsein erweiterst und so weniger negative Gefühle, Sorgen oder Ängste mit dir herumträgst. Menschen, die sich bewusst sind, was sie alles erschaffen können, haben ebenso weniger Neid und Gier im Sinn und gehen mit allem liebevoll um. Wenn du der Schöpfer deines Lebens sein kannst, möchtest du dann nicht alles nach deinen Vorstellungen haben? Wenn du dich dagegen entscheidest, wirst du immer der Sklave deiner Ängste und negativen Glaubensmuster bleiben. Möchtest du das wirklich? Du lässt dich dann weiterhin von anderen beeinflussen und dir einreden, dass du nichts mehr erreichen kannst.

Ich sage dir, es gibt nichts, was du nicht haben kannst. Alles, was du dir vorstellst, kannst du gleichzeitig manifestieren. Deswegen bedingen sich Visualisierung und Manifestation, weil beides zusammen eine unglaubliche Kraft besitzt. In diesem Buch zeige ich dir, wie du Geld ganz einfach visualisieren und manifestieren kannst. Ich werde dir auf eine einfache Art und Weise die Quantenphysik verdeutlichen und damit einen wissenschaftlichen Beleg für meine ganzen Versprechungen liefern. Das, was Émile Coué gesagt hat, entspricht Tatsachen und ich zeige dir, wie du das Geld anziehen kannst. Danach gehe ich noch mal ausführlicher auf das Thema Visualisieren ein, veranschauliche dir, wie es genau funktioniert und wieso die Gefühle dabei so entscheidend sind. Obwohl es in diesem Buch über das Geld geht, werde ich dir drei weitere Bereiche aufzeigen, in denen die Visualisierung ein wichtiger Bestandteil ist, nämlich in den Bereichen Sport, Medizin und Business. Gerade Letzteres kann dir helfen, mehr Reichtum in dein Leben zu ziehen.

Anhand konkreter Beispiele zeige ich dir, wie du den Turbo einschalten kannst und an dein visualisiertes Geld kommst. Dabei spielen Dankbarkeit und Affirmationen eine entscheidende Rolle. Dankbarkeit ist nämlich der Motor für die Wunscherfüllung. Bei Affirmationen brauchst du keine Angst zu haben, jeden Tag auswendig gelernte Sätze vor dich hin zu plappern, sondern du lernst diese in dein Unterbewusstsein zu integrieren, damit sie wie ein Selbstläufer funktionieren. Des Weiteren erkläre ich dir, wieso die Meditation kein absoluter Nonsens ist, wenn es um die Wunscherfüllung geht. Diese kann dir nämlich helfen, sich Dinge besser vorstellen zu können und sich deiner ganzen

Visualisierung so hinzugeben, dass du es mit Haut und Haaren fühlen kannst.
Zum Schluss werde ich dir Tipps mitgeben, wie du deine Motivation oben hältst und weitermachst, selbst wenn du denkst, dass das hier alles nichts bringt. Ich gebe dir mögliche Gründe dafür, falls es nicht funktioniert, und zeige dir, wie du diese Fehler beheben kannst.

Das Grundwissen über die Quantentheorie – Keine Panik!

„Unser Schicksal hängt nicht von den Sternen ab, sondern von unserem Handeln.“

William Shakespeare

Ich war nie gut in Physik und deswegen sagten mir Begriffe wie die Quantentheorie oder die Quantenphysik gar nichts. Ich werde demnach versuchen, sie so einfach wie möglich zu erklären. Ja, die Quantenphysik hat etwas mit unserem Bewusstsein und den Erfüllungen unserer Wünsche zu tun. Hast du verstanden, was diese Definition für deinen Reichtum bedeutet, kannst du so viel Geld anziehen, wie es dir beliebt.

Wenn du wissen möchtest, was uns die Quantenphysik über unser Bewusstsein sagt und ob sie uns bei der Erfüllung unserer Wünsche behilflich sein kann, lies weiter.

Das erste, was du wissen musst ist, dass dein Bewusstsein Materie erzeugt. Das habe ich bereits im vorherigen Kapitel angesprochen. Sogenannte Manifestationslehrer haben festgestellt, dass das Verhalten der Quanten abhängig von ihrer Beobachtung ist. Um es einfacher zu erklären: Schaust du weg, verhält sich das Quantum wie eine Welle oder ein Energiefeld, was verschiedene Zustände annehmen kann. Beobachtest du es, wird es zu einem Teilchen. Das ist dann in der Physik das Zusammenbrechen der Wellenform. Wer es noch mal genauer haben möchte, kann sich dazu ja Folge 17 in Staffel 1 der Big Bang Theorie anschauen. ;-)

Eine mögliche Interpretation dafür ist, dass das Bewusstsein in der Lage ist, Materie zu erzeugen, das bedeutet, dass die Materie nicht existiert, weil wir sie ignorieren, sprich ihr keine Aufmerksamkeit schenken und dann zu existieren beginnt, wenn wir sie beobachten. So machen wir das Quantum Manifest zu einem Teilchen. Es gibt zudem neue Experimente, die zeigen, dass die verschränkten Quanten übereinanderliegend über Distanzen und ohne eine Zeitverzögerung miteinander in Verbindung stehen können und sogar kommunizieren. So scheint es wohl keine Beschränkung zwischen Zeit und Raum zu geben. Dieses Experiment wird jedoch wissenschaftlich immer noch nicht ganz ernst genommen. Fakt ist, dass viele Manifestationstechniken beweisen, dass nach der Erkenntnis der Quantenphysik unsere Realität nach unseren Wünschen erschaffen werden kann. Dabei müssen wir nicht lange auf die Manifestation warten, denn Zeit spielt ja hierbei bekanntlich keine große Rolle.

Es gibt mittlerweile unzählige Bücher über das Gesetz der Anziehung. Das berühmteste war bereits im Jahr 1910 von Wallace Wattles – The Science of Getting Rich, also die Wissenschaft, um reich zu werden. Nach diesen Erkenntnissen sollte es doch jedem Menschen auf der ganzen Welt möglich sein, reich zu werden. Wieso gibt es dann immer noch Menschen, die nicht das Konto voller Geld haben?

Der Grund ist nicht, dass die Tatsache falsch ist, dass Bewusstsein Materie erzeugt. Die moderne Wissenschaft hat dies ebenfalls bestätigen können. Der Physiker David Bohm sowie der Biologe Bruce Lipton hat dies mit seiner Idee des holographischen Universums bestätigt. Also muss es schlussfolgernd an dir liegen, dass du bis jetzt noch nicht das manifestiert hast, was du möchtest. Der Fehler liegt somit in deinem Denken, denn deine Wünsche sind mit großer Wahrscheinlichkeit ein Produkt deines Verstandes, deines Egos, des Alltagsbewusstseins und des Ich-Bewusstseins. Um bewusst zu wünschen, brauchst du den Zugang zu einem universellen Bewusstsein, und keinem gewöhnlichen, und dies ist absolut machbar. Jede Technik davon konzentriert sich auf eine Sache: Der bedingungslosen Akzeptanz der eigenen Realität. Du musst also felsenfest und absolut davon überzeugt sein. Bist du das?

Aufmerksamkeit ist der Schlüssel – So bring me the money!

„Woran wir denken und wofür wir danken, das bringen wir zustande."

Dr. J. Demartini

Ich habe im vorherigen Kapitel kurz die Aufmerksamkeit erwähnt und auch Emile Coulé war der Ansicht, dass Energie immer der Aufmerksamkeit folgt. Du hast bis hierhin gelesen, dass dein Bewusstsein Materie erschafft, also bist du mithilfe deiner Vorstellungskraft in der Lage, Geld herbeizuwünschen. Du hast im Grunde einen Flaschengeist in dir, könnte man sagen. Was bedeutet es nun, dass Energie der Aufmerksamkeit folgt und wieso ist das so entscheidend für deine Wunscherfüllung? Der Satz bedeutet im Grunde, dass das, womit du dich jeden Tag in deinen Gedanken beschäftigst und wo du eine starke Emotion für hegst, verstärkt wird. In der Bibel heißt es beispielsweise in Hiob 3,25:

„Denn was ich gefürchtet habe, ist über mich gekommen, und was ich sorgte, hat mich getroffen."

Das zeigt ganz deutlich, dass das, worüber du dich sorgst und wovor du Angst hast, in deinem Leben auch passieren wird. Diese negativen Gefühle jedoch haben eine niedrige Schwingung, aber eine hohe Energie. Sie kommen in der Abwärtsspirale vor, die du auf der Emotionsskala nach Abraham-Hicks gut erkennen kannst. Sie zeigt dir, wie du dich unbewusst oder bewusst bewegen kannst, was deine Gedankenkraft angeht. Die Emotionsskala ist eine Art Gradmesser für die eigenen Gefühle. Diese sind beim Erschaffen sehr wichtig, wie ich bereits kurz anschnitt. Je höher dein Gefühl auf der Skala ist, desto besser bist du im Einklang mit deinem Wunsch. Die Skala wurde von Abraham erstellt, der als Geistwesen mit Esther Hicks in Kontakt steht. Im Folgenden zeige ich dir die 23 Stufen der Emotionen:

Die Aufwärtsspirale besteht von 1-8 und geht von Liebe und Freude über Wertschätzung, Leidenschaft, Glück, Glauben, Optimismus, Hoffnung und Zufriedenheit. Liebe ist das stärkste Gefühl und Zufriedenheit liegt nah an der Grenze zu den negativen Emotionen, befindet sich jedoch noch im grünen Bereich. Die Abwärtsspirale besteht aus den Nummern 9-23 und geht von Langeweile, Pessimismus, Ungeduld, Überwältigung, Enttäuschung, Zweifel, Sorge, Schuldzuweisung, Entmutigung, Ärger, Rache, Hass, Eifersucht, Unsicherheit zu Angst und Depression über. So siehst du, dass Angst die Emotion ist, die deine Wünsche nicht erfüllt, bzw. nicht im positiven

Sinne. Ich habe von einigen schon oft gehört, dass sie meinten, dass sie das so niemals wollten und dass sie doch immer gut dachten und dennoch was Schlechtes anziehen. Irgendetwas kann da ja nicht stimmen, gerade weil es hierbei vor allem mehr um das Unbewusste geht, was mit dem bewussten Verstand nicht zu greifen ist. Die Frage, die du dir stellen solltest, lautet:

Wie bekomme ich es hin, meinen Fokus so zu verändern, dass ich mich mit dem beschäftige, was ich wirklich möchte?

Hier kann ich drei Fragen anbieten, die du allerdings auch anwenden musst, damit sie in Kraft treten können:

- Frage 1: Wo ist deine Aufmerksamkeit in diesem Moment? (Bemerke es)
- Frage 2: Wo könnte deine Aufmerksamkeit sein?
- Frage 3: Wo soll deine Aufmerksamkeit hin? (Selbst dahin lenken)

Diese drei Fragen können alles verändern, wenn du dies möchtest. Richtest du deine Aufmerksamkeit auf die Dinge, die du willst, dann wird die Realität etwas zeitverzögert nachfolgen.

Hey, wie funktioniert Visualisieren eigentlich?

„Wenn Du Dir immer Grenzen setzt, sei es im Training oder sonst wo, wird es sich auf andere Bereiche, auf Deine Arbeit, Dein Leben ausweiten. Es gibt keine Grenzen. Es gibt nur Plateaus. Und Du darfst dort nicht bleiben, Du musst sie durchbrechen."

Bruce Lee

Stars, wie Jim Carrey, haben ebenfalls Bekanntschaft mit dem Visualisieren gemacht. Aufgewachsen in ärmlichen Verhältnissen, stellte er sich selbst einen Scheck über zehn Millionen Dollar aus. Diesen hatte er immer bei sich und richtete so oft es ihm möglich war, seine ganze Energie und Aufmerksamkeit auf den besagten Scheck. Damals kannte ihn keiner, aber er glaubte an sich und seine schauspielerischen Talente und einige Jahre später erhielt er genau die Gage bei seinem Film "Dumm und Dümmer".

Ich kann mir vorstellen, dass das zu schön, um wahr zu sein, für dich klingt, aber es ist die Wahrheit. Es gibt

Menschen, die täglich visualisieren, ohne überhaupt zu realisieren, was sie alles damit erschaffen. Nicht nur Stars wie Jim Carrey, sondern auch CEO's, Sänger oder Sportler verwenden die Kraft der Vorstellung. Sogar Studien haben herausgefunden, dass das Gehirn nicht zwischen der Realität und der Vorstellung unterscheiden kann.

Eine Harvard Studie ließ zwei Gruppen eine einfache Klaviermelodie hören. Die eine Gruppe übte täglich 5 Tage lang für zwei Stunden, die andere stellte sich vor, diese Melodie zu spielen. Neurologisch fand im Gehirn bei beiden Gruppen dasselbe statt. Das Unterbewusstsein ist in der Lage, die Gedanken anzunehmen, die du oft denkst. Dein Mindset ändert sich bzw. passt sich deinen Gedanken an und du änderst automatisch deine Handlungen und Gewohnheiten. So lernst du immer wieder neue Menschen und Situationen kennen, die du zuvor nicht erlebt hast. Dein Leben kann sogar richtig aufregend werden! Gedanken mit der richtigen Portion an Energie haben eine unglaubliche Kraft. Sie verändern nicht nur die Balance unserer Energie, sondern sogar die deines Umfelds. Es gibt Menschen, die ihre Gedanken so oft wiederholen, dass sie immer und immer wieder dasselbe erleben und sich fragen, wieso ihr Leben wie ein Teufelskreis ist. Hier muss man einfach nur die Richtung seiner Gedanken ändern, um anderes Erleben zu können.

Bist du mit deinem Job unzufrieden und möchtest endlich deine Berufung zum Beruf machen, dann beschwere dich nicht über deinen jetzigen Job, sondern fokussiere dich stattdessen auf den anderen, der dir mehr Spaß machen wird. Stell dir genau vor, was du erreichen möchtest: Mehr Ansehen, eine höhere Stellung, mehr Gehalt und visualisiere eine Vision, wie du dein Leben haben möchtest. Wenn du dich selbst nicht mit viel Geld siehst, wirst du dieses Ziel auch nie erreichen. Aber je genauer und positiver du dir deinen Reichtum vorstellst, desto eher und genauer wird es auch eintreffen. Denke über deinen Wunsch, mehr Geld zu besitzen, nach und visualisiere ihn jeden Tag und jede Nacht. Werde dabei so detailliert, wie nur möglich und stelle dir vor, wie du dich fühlst, wenn du das viele Geld in den Händen hältst, was du dir alles kaufen kannst, wie stolz du auf dich sein wirst und wie bewundernd die Blicke der anderen sein werden, dass du es plötzlich so weit geschafft hast.

Visualisieren hat jedoch eigentlich viel mehr mit deinen Gefühlen zu tun, als mit der bloßen Vorstellung deines Ziels. Du solltest dich dabei gut fühlen und nicht negativ gestimmt sein. Du kannst sogar deine anderen Sinne einschließen, wie etwas Bestimmtes zu hören, zu fühlen oder zu riechen. Ich gebe dir kurze Tipps, wie du erfolgreich visualisieren kannst:

Tipp 1: Die Punkte an sichtbaren Dingen

- Die Form
- Die Dimensionen
- Die Oberfläche
- Die Farbe

Tipp 2: Die Punkte für nicht sichtbare Dinge

- Deine Stimmung
- Die Freude
- Deine Gefühle

Tipp 3: Versuche beim Visualisieren deine Augen zu schließen und nutze deine ganzen Sinne

Visualisiere, wie es aussieht, wie es sich anfühlt, wie es schmeckt, riecht oder sich anhört.

Die meisten Menschen fragen sich, ob es eine Grenze für die Größe des Visualisierungsobjektes gibt. Sie wissen nicht, ob es Sinn macht, etwas zu visualisieren, wofür sie die Hilfe eines anderen brauchen, wie beispielsweise ein Buch über einen Verlag rauszubringen. Hier kann man folgendes tun: Man stellt sich seinen Wunsch lebhaft und detailliert vor und stellt sich dann z.B. vor, wie man in einer Buchhandlung eine Signierstunde gibt. Während der Visualisierung weiß man aber, dass man das alles nicht alleine geschafft hat, sondern mithilfe eines Verlags. Fühle dich dabei gut und sei stolz auf dich und frage dich

selbst, was du konkret tun kannst, um d
erreichen zu können, beispielsweise mi
bestimmten Person über dein Buch zu reden.

In deinem Fall könntest du eine Bewerbung an eine Firma schreiben, die sehr gut bezahlt oder etwas tun, von dem du weißt, dass es viel Geld einbringt, du dich aber bis jetzt nie getraut hast es zu machen. Ich habe dir zwei Übungen zusammengestellt, damit du im Visualisieren immer besser und sicherer wirst:

Übung 1:

Nimm einen Gegenstand in die Hand und schau ihn dir an. Präge dir dabei die Farbe ein, den Geruch oder den Geschmack, die Dimension und Form. Schließe dann deine Augen und versuche diesen Gegenstand in deinen Gedanken wieder hervorzurufen mit allen Details, die er hat. Du könntest mit einer Kerzenflamme anfangen und dann anspruchsvollere Gegenstände probieren.

Übung 2:

Diese Übung hilft dir dabei, den perfekten Tag zu visualisieren. Dieser soll das ausdrücken, was du gerne in deinem Leben haben möchtest, tun oder sein willst. Der Tag soll für deine Zukunft stehen und dir jeden Tag die Möglichkeiten der Visualisierung klarmachen. Dabei stellst du dir eine Frage:

"Wie sähe mein Tag aus, wenn es keine Begrenzungen und keine Konsequenzen gäbe?"

Während du mit der Antwort beschäftigt bist, solltest du dich bewusst nicht einschränken und das denken, worauf du Lust hast. Auch örtlich gesehen gibt es keine Grenzen: Statt deinen Tag in deiner Stadt zu beginnen, könntest du dich doch am Strand einer Insel sehen. Auch deine finanziellen Grenzen sind hierfür aufgehoben. Du kannst an diesem Tag so viel Geld ausgeben und dir alles leisten, was du möchtest. Auch deine gesundheitlichen Einschränkungen sind nicht von Bedeutung. Alle Krankheiten oder Schmerzen, die du hast, existieren nicht. Auch sozial brauchst du dich bei dieser Übung nicht beschränken. Du verbringst den Tag mit den Menschen, die du liebst und bist von Leuten umgeben, die dir von der Art ähnlich sind. Wichtig ist, dass du bei der Übung darauf achtest, dass du dir nichts Unrealistisches ausmalst, wie beispielsweise fliegen zu können oder einen dritten Arm zu haben. Deine Wünsche sollten den Naturgesetzen nicht wiedersprechen, sondern dir deinen perfekten Tag schenken. Dieser sollte von dir so gestaltet sein, dass er dich nicht langweilt oder irgendwann nervt.

Ich habe dir im Folgenden eine Liste zusammengestellt, wie dein perfekter Tag aussehen könnte:

Wenn es um Land und Leute geht

- Wo lebst du? (In einem Land oder in einer Stadt?)
- Wie sieht dein Haus oder deine Wohnung aus und mit wem lebst du dort?

Dein Tagesablauf

- Um wie viel Uhr stehst du auf?
- Welche Gedanken hast du am Morgen?
- Was tust du nach dem Aufstehen?
- Was frühstückst du und mit wem?
- Wie verbringst du die erste Hälfte deines Tages?
- Was isst du zu Mittag?
- Isst du mit anderen und wenn ja, über was unterhaltet ihr euch?
- Wie verbringst du die zweite Hälfte deines Tages?
- Was, wo und mit wem isst du zu Abend?
- Was machst du am Abend?
- Was sind deine Gedanken, wenn du im Bett liegst?

Die allgemeinen Fragen

- Was ist dein Lebenszweck?
- Was würdest du für deine persönliche Erfüllung tun?
- Woher kommt dein Geld?

Dein perfekter Arbeitstag

- Was arbeitest du und in welcher Jobform bist du tätig?
- Wie viel Geld verdienst du?
- Von wann bis wann arbeitest du?
- Mit wem arbeitest du zusammen?

Deine Freunde, Beziehungen und Familie

- Wie sind deine perfekten Freunde?
- Hast du eine Beziehung und wenn ja, wie sieht diese aus?
- Hast du eine Familie und wenn ja, was macht ihr an so einem perfekten Tag?

Nimm dir für diese Übung viel Zeit und versuche sie nicht einfach schnell durchzuziehen und dabei Druck aufzubauen. Du solltest entspannt sein und keinen Termindruck haben. Lass dich ganz auf diese Übung ein und stelle notfalls auch dein Telefon ab. Schreibe deine Gedanken und die Antwort auf die Fragen in ein Tagebuch. Du kannst sie auch am PC tippen und den Text anschließend ausdrucken. Eins lass dir aber gesagt sein: Handschriftliches hat mehr Kraft als Texte, die du über den PC erstellst. Damit dein Text noch mehr Kraft erhält, kannst du jede Seite unterschreiben.

Formuliere deinen perfekten Tag so detailliert, wie es nur geht und versuche auch alle 5 Sinne anzusprechen. Du kannst dir auch eigene Fragen ausdenken. Nachdem du diesen Tag aufgeschrieben hast, wirst du dich bestimmt sehr frei fühlen und hast eine klare Sicht darüber, wie du dir dein Leben vorstellst. Liest du es dann wieder und wieder durch, wirst du immer von neuem in diese wundervolle Stimmung zurückgehen.

Gedanken, die man mehrere Wochen täglich wiederholt, bilden im Gehirn neuronale Verbindungen und verändern so die emotionalen Muster und auch die Frequenz. So entsteht Veränderung in deinem Leben. Beispielsweise, wenn du dir vorstellst, dass du mit Gewichten trainierst und dir das über Monate jeden Tag vorstellst, werden deine Muskeln wirklich wachsen, als würdest du wirklich mit Gewichten trainieren. Erstaunlich, oder? Du wirst deine Wünsche aber viel schneller in der Realität erhalten, wenn du beim Visualisieren entspannt bist, also bring dich vor dem Visualisieren in gute Stimmung (z.B. durch Musik) und relaxe, bevor du in die Praxis übergehst. Wenn du dir etwas vorstellst, was nicht deinem Wunsch entspricht, wirst du es auch nicht erhalten. Also, wie sehr möchtest du viel Geld besitzen? Kann das viele Geld ein Teil deines Lebens werden? Was könntest du mit all dem Geld anstellen?

Worauf musst du achten, wenn du schnell an Geld kommen möchtest? Visualisiere erst einmal, was du mit dem Geld machen möchtest. Danach denkst du darüber nach, was du tun kannst, um mehr Geld zu verdienen.

Stell dir die Bilder dieses Ziels vor. Verwende Bilder, die dir einen monetären oder beruflichen Erfolg versprechen. Diese erzeugen wiederrum das Gefühl, das du brauchst, um deinen Erfolg zu manifestieren. Gefühle sind sehr wichtig, wenn du visualisierst. Weil sie die Frequenz des Gedankens dahin bringen, dass du mehr Geld verdienen wirst oder eben anders an dein Geld kommen wirst.

Das, was du dir wünschst, muss ein Teil deines Unterbewusstseins werden und das erreichst du nur, wenn du deine Wünsche wiederholt visualisierst und dies für mehrere Wochen 2-3 Mal am Tag machst. Sind diese dann im Unterbewusstsein verankert, wird es alles daransetzen, dass sich dein Wunsch manifestiert. So veränderst du deine Programmierung im Unterbewusstsein, denn Teile davon sind so negativ programmiert, dass sie deine Wünsche boykottieren. So kann es etwas länger dauern, bis sich dein Kontostand vermehrt, wenn die negativen Programme sehr tief verankert sind. Das Unterbewusstsein kann nämlich nicht sehen, was außerhalb von dir ist. Es sieht also immer nur die Bilder, du dir vorstellst oder ausmalst. Wenn du der festen Überzeugung bist, viel Geld stehe dir zu, wird das Unterbewusstsein dir glauben.

Die Techniken des Visualisierens – Ja zeig´s mir

„Wenn du merkst, dass du deine Ziele nicht erreichen kannst, dann passe nicht die Ziele an, passe die Maßnahmen an."

Konfuzius

Die Techniken, die du zum Visualisieren benutzen kannst, sind Mittel, damit du die Programmierung deines Unterbewusstseins veränderst und deine Wünsche und Ziele erreichst. Wendest du mehre von diesen Techniken gleichzeitig an, wirst du schnellere Erfolge erzielen. Dein Unterbewusstsein muss nichts denken, denn es handelt lieber. Es macht keinen Unterschied zwischen wahr und falsch oder Realität und Fantasie. Du kannst es so umprogrammieren, wie es dir beliebt.

Was sind die Techniken des Visualisierens?

Die Techniken des Visualisierens sind Mittel, die dir helfen, die Programmierung deines Unterbewusstseins zu verändern, um dich in Harmonie mit deinen Zielen und Wünschen zu bringen. Wenn du mehrere Techniken des Visualisierens anwendest, wirst du schneller Ergebnisse erzielen. Das Unterbewusstsein wird glauben, dass du so viel Geld besitzt und dein Leben wird sich so verändern, dass du dieses Geld tatsächlich in deinen Händen hältst. Deswegen werden die Reichen und Erfolgreichen immer reicher und erfolgreicher, weil sie eine Vision haben, einen Glauben daran, den klaren Fokus und die richtige Einstellung. Jedes Unterbewusstsein ist in der Lage sich mit dem Universum zu verbinden, denn es verbindet dich mit Dingen und Menschen, die du brauchst, um an dein Ziel zu kommen:

Technik 1: Das klassische Visualisieren

Entspanne dich und schließe dabei deine Augen. Stell dir deinen Wunsch am Morgen und am Abend vor. Du kannst diese Technik auch zu jeder Zeit des Tages anwenden. (Kleiner Tipp: Ein paar Mal am Tag für 5 Minuten visualisieren haben mir sehr geholfen meine Ziele zu erreichen. Gefühle dabei nicht vergessen!)

Technik 2: Die Tagträume

Wenn du dich während des Tages nicht wirklich konzentrieren musst, kannst du deinen Tagträumen hinterherhängen. Auch das ist visualisieren mit geschlossenen Augen.

Technik 3: Die So-Tun-Als-Ob Methode

Diese Methode ist sehr effektiv, wenn du so tust, als hättest du das viele Geld bereits, aber auch alles andere, was du dir wünschst. Stell dir vor, du sitzt in deinem alten Auto und tust so, als ob du in deinem neuen Auto sitzt. Du hörst das Geräusch des Motors, aber möchtest ein Elektroauto, also blende dieses Geräusch aus. Stell dir vor, dass das Innere deines Autos neu ist. Möchtest du in einem Haus wohnen, dann geh durch die Hallen deiner Wohnung und stell dir vor, dass es große Räume sind, die du betrittst.

Technik 4: Die Schauspiel-Methode

Hierbei schreibst du auf, wie du aussiehst, wie du leben möchtest und dich verhalten willst. Studiere diese Rolle wie ein Schauspieler und spiele deine Rolle wie auf einer Bühne oder in einem Film. Das ist eine Methode, die sehr lustig ist. Außerdem kannst du dir vorstellen, wie eine Kamera eingeschaltet ist und ein Regisseur dir Anweisungen geben würde. Der Unterschied ist nur, dass du der Drehbuchautor, der Produzent, der Schauspieler und der Regisseur in einem bist.

Technik 5: Das selbstgemachte Wunschvideo

Diese Technik ist sehr einfach, aber dennoch effektiv. So machst du ein Video mit Bildern, die deine Wünsche widerspiegeln und repräsentieren. Füge noch Affirmationen dazu und die richtige Musik und schau dir dein Video mindestens zwei Mal am Tag an. Danach wird dir das Visualisieren leichter fallen.

Technik 6: Das Vision Board

Ein Vision Board oder auch ein Wunschplakat kannst du mit den anderen Visualisierungstechniken verbinden. Suche in Magazinen und Zeitungen nach Bildern, die deinem Ziel entsprechen. Du kannst auch eigene Fotos und Bilder aus Broschüren verwenden. Klebe diese dann auf einen Bilderrahmen und schau dir dein Vision Board, so oft es geht, an.

Technik 7: Visualisieren beim Meditieren

Diese Technik wird von dem Dalai Lama gelehrt. So sollst du beim Meditieren im tiefen Zustand das visualisieren, was du haben möchtest. Das ist eine der effektivsten Techniken des Visualisierens, denn dann bist du in einem Theta-Zustand, wo du einen besseren Zugang zu deinem Unterbewusstsein hast. Dies kannst du dann mit Bildern deiner Wünsche verschönern. Der Dalai Lama ist zudem der Meinung, dass wenn du etwas visualisierst, was anderen Menschen helfen kann, dies dann noch effektiver ist.

Technik 8: Das Hosentaschenbild

Suche dir ein Bild oder ein Foto raus, was den Wunsch darstellt, viel Geld zu besitzen. Falte es dann und gib es in deine Hosentasche oder Portemonnaie. Nimm es immer dann heraus, wenn du Zeit und Lust dazu hast und versetze dich in das Gefühl, dass du haben wirst, wenn sich dein Wunsch erfüllt hat und du praktisch im Geld schwimmst.

Wichtig! Bei diesen Techniken gilt zu beachten, dass sie nur zum Erfolg führen, wenn du sie regelmäßig und konstant ausführst. Eine einmalige Anwendung wird nichts bringen. Es dauert seine Zeit, bis festgefahrene Muster durchbrochen sind und Neues sich in dein Unterbewusstsein verfestigt hat. Doch dann werden Wunder geschehen. Aber bis dahin musst du durchhalten und immer weitermachen!

Das sogenannte Vollzeit Visualisieren ist eine Mischung aus allen Techniken, die ich dir vorgestellt habe. Stell dir vor, du lebst dein Traumleben. Du visualisierst demnach direkt nach dem Aufstehen, und zwar mit noch geschlossen Augen, als würdest du noch schlafen. Steh auf und visualisiere mit offenen Augen. Lege deine Bilder über die der Realität und tue so, als ob du das alles schon erreicht hast. Wie fühlt sich das an? Das ist das Gefühl, was du den ganzen Tag über aufrechterhalten solltest. Es ist deine Entscheidung, wie deine innere Welt aussehen mag. Lebe deine Vision und das so positiv, wie nur möglich. Sei dankbar für all das, was du jetzt noch nicht hast, im Geiste aber bereits besitzt. Das Besondere an diesen Techniken ist, dass du keine Zeit haben wirst, an deine Probleme und Sorgen zu denken. Du ziehst nur das Gute an und das, was du wirklich willst. Deshalb wirst du beim Visualisieren eine Freude spüren, die eine hohe Frequenz aussendet und letztendlich auch wieder anzieht. So bekommst du auch eine positivere Sicht über deine jetzige Realität, weil du weißt, dass du sie ändern kannst.

Brauchst du Hilfe, kannst du sogar das visualisieren. Du kannst jemanden herbeiwünschen, der dir helfen wird. Vielleicht sitzt du mit Menschen zusammen, die dir auf ein Problem einen guten Rat geben. Du kannst Menschen visualisieren, die leben oder auch nicht. Diese wirst du vielleicht in einen deiner Träume sehen, aber auch Menschen, die du im Geiste siehst, aber noch nicht kennengelernt hast.

Auf die Schnelle - Tipps zum Visualisieren

„Wer Ausdauer besitzt, ist fast schon am Ziel."

Ernst R. Hauschka

Du kannst jedes Ziel, jede Situation und auch jedes Objekt anziehen. Es hilft aber nichts, nur dazuliegen und zu träumen, du musst auch handeln!

In dieser 3-dimensionalen Welt musst du deine Gedanken und Gefühle visualisieren und entsprechend agieren. Nur so wirst du deine Ziele erreichen. Pass auf, dass keines deiner Wünsche im Widerspruch zu einem anderen steht und achte auf die Genauigkeit der Bilder, die du wählst, weil sie deiner Visualisierung mehr Kraft verleihen.

Visualisierung ist nicht etwas, was einfach ist. Du musst solange dafür üben und üben, bis die Bilder oder deine Szenen genauestens vor deinem inneren Auge auftauchen. Du musst dich dabei auf ein klares Bild fokussieren und das lernst du am besten durch Meditation. Gehe also in deiner Vorstellung einkaufen und kaufe alles ein, was du möchtest. Fahre das Auto, welches du fahren willst und besuche die Orte, die du erkunden möchtest. Sehe dich von Menschen begleitet, die dich gernhaben und wiederhole diese Bilder täglich für mehrere Wochen.

Das Wichtigste aber ist, dass du Spaß dabei hast.

Never stop that feeling! - Warum sind Gefühle so wichtig?

„Verlierer hören auf, wenn sie müde sind. Gewinner hören auf, wenn sie gewonnen haben."

Verfasser unbekannt

Die meisten fragen sich, was die Gefühle beim Visualisieren für eine Rolle spielen und wieso sie so entscheidend für den Erfolg sind. Übt man die Visualisierung nach dem Master Key System, braucht man dafür vor allem Stille. Du begibst dich also an einen Ort, wo du dich wohl fühlst, und entspannst dich gedanklich, wie auch körperlich. Danach begibst du dich in Gedanken in den Raum der Stille, wo du zu neuen Erkenntnissen kommst, die dir Tipps für eine Handlung geben und wo du das Ziel mit Details ausschmücken kannst. Diese Details sind es dann, die dir neue Möglichkeiten offenbaren. Sie sind praktisch das „Wie?". Während du dein Ziel, also das „Was?" vorgegeben hast, ist das „Wie?" eine Verbindung zwischen dir und dem Ziel, das dir aufweist, was zu tun ist.

Charles Haanel ist jedoch der Meinung, dass ein Gedanke ohne Gefühle erkaltet. Er braucht die Gefühle, um leben zu können. Dennoch gibt es keine klare Verbindung zwischen der Visualisierung und dem Gefühl, da das Gefühl nicht in der Stille stattfindet. Deswegen ist es ratsam, erst das Visualisieren zu üben und wenn sich das Ziel im Unterbewusstsein verankert hat, dann die Gefühle zuzulassen. So konzentriert man sich mehr auf die Emotion, während die Visualisierung nebenbei läuft. Wenn du darauf aber nicht warten kannst (wobei Geduld wichtig ist!), könntest du die dazugehörigen Emotionen vorerst durch Körperübungen, wie beispielsweise das Hüpfen auf der physischen Ebene, festigen und dir das Gefühl dabei ins Bewusstsein rufen, bevor du visualisierst.

Es gibt im Leben zwei Gefühle, die sehr intensiv sind, sodass sie dein ganzes Handeln und auch dein Leben in eine Richtung lenken können, und zwar die Liebe und die Angst. Handelst du aus Liebe, bist du bei anderen wertgeschätzt und genießt Wohlwollen. Du wirst eine tiefe Verbundenheit fühlen und deine Lebensfreude wird sich auf dein Leben auswirken. Die Liebe wird somit das leitende Gefühl sein. Handelst du jedoch aus Angst, unterdrückst du deine Bedürfnisse und auch die deiner Mitmenschen. In Gedanken vermeidest du negative Ergebnisse, die eventuell eintreffen könnten, und kannst somit deine Persönlichkeit und Kraft nicht weiter entfalten. Versuche demnach, nach Liebe zu streben und dich emotional dahinzubewegen. Leider sind wir Menschen mehr auf Angst als auf Liebe konditioniert. Der Grund ist, dass man Angst einfacher hervorholen kann und sie ebenso intensiv ist, wie die Liebe. Die Angst muss ja erst weichen, damit man Liebe fühlen kann. Wichtig ist hierbei zu wissen, dass wenn du Liebe fühlst, du dies auch anziehen wirst. Du wirst Menschen in dein Leben ziehen, die dir ähneln und deine Beziehungen werden ebenso mit Liebe gefüllt sein, weil du Liebe fühlst und aussendest.

In welchen Bereichen die Visualisierung heute schon unabdingbar ist

„Wenn es einen Glauben gibt, der Berge versetzen kann, so ist es der Glaube an die eigene Kraft."

Marie von Ebner-Eschenbach

In der Medizin

Wissenschaftler haben lange den Placebo Effekt als etwas Unwirksames und Lästiges betrachtet, dennoch wird seit einigen Jahren erforscht, wie man mit dem Scheinmedikament Nebenwirkungen anderer verhindern kann und zusätzlich Kosten spart. So setzen viele Mediziner dies mittlerweile in ihrer Praxis ein.

Petra Thürmann vom Philipp-Klee-Institut für klinische Pharmakologie des Helios-Klinikums in Wuppertal ist der Ansicht, dass viele Mediziner den Placebo Effekt intuitiv nutzen. Eine frühere Studie der Hochschule in

Hannover zeigte, dass mehr als 70 % der Ärzte regelmäßig Placebos verabreichen und diese oft oder auch immer wirken würden. Gruppen von Forschern konnten nachweisen, dass die Placebos von Selbstheilungsmechanismen aktiviert werden. Nach so einer Behandlung schütten die Probanden Endorphine aus, die man auch körpereigene Opioide nennt. Der Dopamingehalt des Gehirns steigt und die Placebos sind sogar in der Lage, das Immunsystem runterzufahren. So lässt sich der Effekt modellieren, indem es darauf ankommt, wie ein Medikament verschrieben wird. Der Psychologe Winfried Rief von der Deutschen Forschungsgemeinschaft sagt, dass es wichtig ist, wie der Arzt das Medikament anpreist und somit die Wirksamkeit erhöht wird, weil der Patient das Gefühl bekommt, es wird wirken.

Eine aktuellere Studie aus Norwegen zeigte, dass man die Wirkung von Medikamenten durch die Erwartungshaltung beeinflussen kann. Dabei wurden 142 Probanden untersucht, die gesund waren. Die Forscher verglichen die Haut der Probanden, und wie diese auf schmerzliche Hitze reagierte. Dabei wurde eine Creme verwendet, die die Haut angeblich noch empfindlicher machen sollte und sie wirkte, laut den Probanden, nicht betäubend, sondern sie klagten, noch mehr Schmerzen zu empfinden als die andere Gruppe, denen man sagte die Creme würde gegen die Hitze schützen. Die Probanden wussten allerdings nicht, dass die Creme die sie bekamen, eigentlich keine Wirkung hatte. Sie war nur ein harmloses Placebo.

In einer italienischen Studie aus dem Jahr 2001 brauchten die Patienten nach einem Eingriff am Brustkorb mehr Schmerzmittel, wenn diese ihnen versteckt gegeben wurde, als wenn sie es hautnah mit ansahen. Forscher der Universität Cincinnati zeigten bei Parkinson Patienten, dass diese von einem Placebo Medikament mehr profitierten, wenn sie gesagt bekamen, dass dieses sehr teuer war.

Sogar Nebenwirkungen konnte man selbst herbeiführen. Der sogenannte Nocebo-Effekt. Rief erkannte dies in einer Studie: Probanden bekamen an 5 Tagen Antidepressiva verabreicht und ihnen wurden die Nebenwirkungen genannt. Nach 3 Tagen bekamen sie ein Placebo, was sie nicht wussten und hatten weiterhin dieselben Nebenwirkungen. Rief kam zu dem Schluss, dass man Medikamente wohl nicht einmal mehr nehmen muss, damit man an Nebenwirkungen leidet.

Im Sport

Hast du schon mal einen Sportler gesehen, der vor einem Wettkampf die Augen geschlossen hatte und merkwürdige Bewegungen ausübte? Vielleicht hast du dir gedacht, dass dieser Sportler den Schuss nicht gehört hat. In Wahrheit ist es so, dass er visualisierte und sich auf seinen Wettkampf vorbereitete.

Das Visualisieren gehört zum Mentaltraining und hat, laut Sportpsychologe Jens Heuer, viele Facetten. So wird mithilfe von Visualisierung die Vertiefung und somit auch Verbesserung der Abläufe gefestigt. Außerdem verinnerlichen Sportler so ihren Wettkampf und steigern ihre Konzentration sowie Motivation. Nicht zuletzt stärken sie damit das Vertrauen in den eigenen Körper und können so selbst Verletzungen besser heilen lassen. Wie du weißt, hat der Geist einen erheblichen Einfluss auf deinen Körper und wenn du positiv oder negativ denkst, wird das Gehirn dafür sorgen, dass die Leistungsfähigkeit deines Körpers dementsprechend ist. Stellst du dir also vor, wie du bei einem Wettkampf als Sieger hervorgehst, einen hervorragenden Wurf, Sprung oder Lauf hinlegst, wirst du mit einer mächtigeren Überzeugung loslegen, als wenn du dein Scheitern vor Augen hast.

Im Sport ist es wichtig, dass man Gewohnheiten automatisiert. Diese sollten aber positiv sein. Da das Gehirn ja nicht zwischen Realität und Fantasie unterscheiden kann und nicht weiß, wann etwas psychisch oder physisch ist, kannst du dir alles vorstellen. Auch wenn es nur physisch ist, wird dies zu einem Automatismus. Leider kann diese Methode auch zu einem Fluch werden, denn sollte der Sportler einen Fehler gemacht haben, den er sich physisch und psychisch ausgemalt hat, dauert es, diesen Fehler zu beheben. Visualisieren kann dabei aber auch wieder hilfreich sein. Jeder Sportler kann von diesem mentalen Werkzeug profitieren, nicht nur z.B. Skifahrer oder Rodler, die sich ihre Strecke im Kopf ausmalen. Stabhochspringer beispielsweise, müssen ihre Bewegungen schnell koordinieren und können mit dem Visualisieren an den Fehlern schleifen, indem sie sich alles detailliert vorstellen. Auch bei Läufern, wo es so einfach aussieht, kann Visualisierung helfen. Haben die Läufer eine Technik einstudiert, können sie gezielter an der Haltung oder der Länge der Schritte feilen, um ihre Technik zu perfektionieren.

Man kann sich das Visualisieren natürlich selbst beibringen, aber man sollte sich besser zuerst an eine Anleitung halten, um bestimmte Fehler zu vermeiden, die man aus Versehen mitprogrammiert. So kann der Sportler es erfolgreicher zu seinen Gunsten einsetzen. Dies hängt natürlich auch von seinem

Vorstellungsvermögen und den Erfahrungen ab, die er in seinem Sport hat. Jemand, der Leistungssport macht und seinen Körper in- und auswendig kennt, könnte seine technischen Defizite schneller erkennen und diese auch abzustellen. Aber auch Sportler, die wenig erfahren sind, brauchen nur eine gewisse Vorstellungsbasis, um visualisieren zu können. Hier ist die Erfahrung nicht das Ausschlaggebende. Diese kann sogar den Aufbau des Vertrauens, die Motivation und die Wiederherstellung der körperlichen Gesundheit behindern, da der Sportler zu hohe Erwartungen an sich hat.

Zuerst muss der Sportler eine Beschreibung seiner Bewegungen auflegen, die er aus einer subjektiven Perspektive sieht. Wenn es darum geht, Ziele zu visualisieren, sollten diese präzise sein. Der Sportler sollte auch seine Emotionen zum Ausdruck bringen und das Ganze laut vorsprechen, wie er in der Situation handeln möchte. Der zweite Schritt beruht darauf, dass der Sportler sich von außen betrachtet. Am besten ist es, Videoaufnahmen davon zu machen und sich so das Ganze besser vorstellen zu können. Das würde aber auch mit der Visualisierung gehen, wo der Sportler sich und seine Bewegungen sieht und wahrnimmt. Wenn er dies richtig macht, kann er das Gefühl dabei besser in die Visualisierung einfließen lassen. Man kann eine Art Vorstellungstraining mithilfe einer professionellen Anleitung durchführen. Diese würde dann einmal pro Woche stattfinden und besteht aus mehreren Sitzungen.

Außerhalb der Sitzungen sollte der Sportler das Gelernte selbstständig anwenden können. Es ist zudem nicht hilfreich, wenn man sich als Sportler vorstellt, wie man hinfällt oder körperlichen Schaden nimmt.

Visualisierungen sind aber auch dazu da, dass man lernt, mit schwierigen Situationen besser umzugehen. Wenn du beispielsweise bei einem Marathon an den Start gehst, wirst du schnell feststellen, dass du irgendwann „beißen“ musst. Hier solltest du dir bloß nicht ausmalen, dass du dann einbrichst, sondern einen positiven Plan parat haben: Wenn das passiert, werde ich widerstehen und stark bleiben, bis es wieder leichter für mich wird. Das ist das, woran du denken solltest. Sieh dich bei der Visualisierung dabei, wie du diese Situation schaffst, und geh in das Gefühl der Stärke.

Im Business

Mentale Stärke ist auch das, was dir im Business ermöglicht, den Alltag leichter zu stemmen. Dabei ist die mentale Stärke ein Muss für alle, die erfolgreich sein wollen.

In deinem Geist läuft alles unbewusst ab. Du hast Bilder im Kopf, die dein Handeln bestimmen und kannst dies weniger kontrollieren, weil du dir der negativen Konsequenzen daraus nicht bewusst bist. Wenn du dir ständig Sorgen machst, unsicher bist, Angst hast zu versagen, blockierst du dich und kannst deine Ziele niemals erfolgreich anstreben. Das Ziel ist es aber, diese Blockaden aufzulösen und dein Denken in eine positive Richtung zu lenken. Du brauchst dafür als Basis das Erkennen und anschließende Umformulieren der Situation und musst dir deiner eigenen Fähigkeiten bewusst sein. Die Grundlage des mentalen Trainings ist das Visualisieren. Du musst dich von den Lasten deiner Vergangenheit lösen und dir eine berufliche Zukunft ausmalen, die du spürst und an die du glauben kannst. So wirst du das Bestmögliche aus deinem Leben rausholen können.

Denke daran, dass gerade in schwierigen Zeiten ein Unternehmen den Fokus auf die Wettbewerbsfähigkeit legen muss, um diese zu steigern. Mitarbeiter, die eine mentale Stärke besitzen, sind der Erfolg des Unternehmens und der Grund, wieso es auch in schwierigen Zeiten voran geht. Sie sind zielgerichtet und effizient, sehen Veränderungen positiv und lassen sich nicht von Rückschlägen abschrecken. Außerdem sind sie motiviert bei der Sache.

Mit der Visualisierung auf Erfolg hat ein Unternehmen...

1. starke Mitarbeiter, die lösungsorientiert sind
2. gesunde Mitarbeiter, die sich keine krankheitsbedingten Fehltage nehmen müssen, und somit zu einer beschleunigten Entwicklung des Unternehmens beitragen
3. Mitarbeiter, die jeglichem Druck standhalten und ausgeglichener sind

So schafft jeder Einzelne von ihnen den Erfolg, den sich jedes Unternehmen wünscht.

Wie du Visualisieren zu deinem Vorteil nutzt und an die Moneten kommst – Jetzt geht´s ans Eingemachte

„Wenn du die Welt verändern willst, beginne mit dem Menschen, den du jeden Morgen im Spiegel siehst."

Simone Weil

Konkrete Beispiele in Sachen Geld

Beispiel 1: Die Verspieltheit

Das Wichtigste, um Geld zu visualisieren und manifestieren, ist die richtige Einstellung. Diese sollte deine Grundstimmung sein, d. h., dass du herausfinden musst, wie deine Beziehung zum Geld ist. Ist sie aufgeregt, bedürftig, hoffnungsvoll oder gierig? Gehst du das Manifestieren nämlich aus der Bedürftigkeit an Geld an, hast das Gefühl, dass du es festhalten willst, Mangel durchlebst und es unbedingt brauchst, wirst du versagen.

Eine negative Einstellung wird dir helfen, nichts anzuziehen oder eben das, was du nicht möchtest. Es geht aber nicht nur um die Einstellung zum Geld, sondern um die Herangehensweise. Sagst du zu dir:

„Ich brauche wirklich die 600 Euro, damit ich in Ruhe meine Miete zahlen kann. Deswegen werde ich mich auf diesen Betrag konzentrieren und das Geld manifestieren."

Dann wirst du diese 600 Euro niemals erhalten. Das garantiere ich dir! Stattdessen könntest du mehr Hoffnung in deine Einstellung bringen, aber selbst die kann noch zu schwach zum Manifestieren sein. So ist es am besten, eine Einstellung aus Neugier und Verspieltheit zu haben. Begib dich in das Gefühl eines Kindes und du wirst Interessantes erleben. Aufregung und Verspieltheit haben eine große Frequenz, weil du die Dinge nicht mit Druck angehst. Du ziehst immer das in dein Leben, was du ausstrahlst. Und wenn die Frequenz nun einmal auf Mangel ausgelegt ist, wirst eben diesen auch anziehen und das willst du ja nicht. Ein Gefühl, dass du die 600 Euro unbedingt brauchst, ist ein Gefühl des Mangels, eben weil du das Geld nicht hast. Besser ist es aus einem positiven Gefühl heraus zu visualisieren, wie zum Beispiel, dass du dich freust die 600 Euro zu erhalten.

Beispiel 2: Das Wissen

Beim Manifestieren von Geld musst du wissen, dass es bereits da ist. Ist es versteckt, und du siehst es nicht, aber es ist definitiv in deiner Nähe und wartet praktisch auf dich! Diese Regel gilt für Geld von der Straße oder für etwas, das viel Geld macht. Du musst wissen, dass das Geld und die Möglichkeiten dafür, es zu bekommen, direkt vor deinen Augen liegen und greifbar sind. Du musst nur deine innere Einstellung anpassen und damit das Geld quasi aufspüren. Stell dir vor, dass du deine Einstellung änderst, indem du zwischen zwei Szenen wechselst und in eine andere Dimension abtauchst, um deine Wahrnehmung anzupassen. Diese fantasievolle Realität ist die ganze Zeit präsent. Du hast sie vorher nur nicht wahrgenommen, weil du auf einer anderen Frequenz eingestellt warst. So wurde das Geld für dich unsichtbar und du konntest es nicht finden. Es ist kein Geheimnis, dass deine Sinne im Alltag vieles aufnehmen, du aber nur einen kleinen Teil davon tatsächlich wahrnimmst. Ändere deine Einstellung zum Geld, also so, dass sich deine Sinne ändern und du das, was vorher unbewusst war, bewusst wahrnimmst. Dafür wirst du einige Zeit brauchen, aber mehr auch nicht.

Ich erzähle dir von einem Spiel, was ich selbst ausprobiert habe, um meine Verspieltheit zu trainieren. Ich habe draußen versucht, so viele Münzen wie möglich zu manifestieren. Ich habe anfangs einige gefunden, aber meist war das Geld nicht auf meiner Frequenz und ich bin mit Sicherheit einfach an einigen vorbeigelaufen.

Irgendwann begann meine Wahrnehmung sich zu wandeln und ich fand Dinge, die einer Münze ähnlich sind, wie beispielsweise Büroklammern, Papierstücke oder Flaschendeckel. Ich sagte mir immer wieder, dass es überall Münzen gibt und das ich in der Überfluss-Frequenz bin. Ich glaube, mein Problem war anfangs, dass ich der Überzeugung war, dass die Münzen nicht in meiner Nähe waren. Als ich jedoch anfing, das Spiel nicht als eine Sache des Glücks zu sehen, sondern es als solches annahm, dass es in meiner Macht steht, diese Münzen zu finden, änderte sich auch meine Frequenz. Bestimmt klingt das etwas albern für dich, als Erwachsener ein Kinderspiel zu spielen, aber es ist die Übung wert. Du könntest es mit Freunden als eine Art Wettbewerb aufziehen und schauen, wer das meiste Geld findet. Die Albernheit dazu kommt meist, wenn es dir Spaß macht, und damit kannst du immer besser werden und lernst damit auf einfache Weise wie man effektiv manifestiert.

Beispiel 3: Die Distanziertheit

Die meisten Menschen verstehen die Beziehung zwischen einem Wunsch und der Distanz nicht. Widerspricht sich das nicht? Wie kann man beides manifestieren? Ich muss dir sagen, dass beide Komponenten nicht im Konflikt miteinander stehen, sondern gut nebeneinander funktionieren. Dein Wunsch, Geld zu haben, dreht sich darum, dass du es gerne hättest. So bist du mit Leidenschaft dabei, verspürst Lust auf den Wunsch und bist aufgeregt, wenn er sich endlich erfüllt. Die Distanz zeigt, wie sich der Wunsch manifestiert. Bindest du dich zu sehr an den Zeitpunkt und auch daran, wie der Wunsch in Erfüllung gehen soll, wird der Prozess der Manifestation nicht gelingen. So fängst du an, dir Sorgen zu machen, unter Stress zu stehen und an die Erfüllung zu zweifeln. Du strahlst also eine negative Frequenz aus.

Wenn du gestresst bist und dir Sorgen machst, dass du nicht viele Münzen finden wirst? Würde dann die Stimmung dich dazu motivieren, weiterzusuchen? Nein, ich denke nicht. Merkst du, dass Frustration aufkommt, solltest du eine Pause einlegen, tief durchatmen und dich dann wieder zu deinem Wunsch begeben. Halte an den positiven Gefühlen fest, die dich zu deinem Ziel bringen. Kannst du diese Stimmung halten, wirst du es auch in der Realität erhalten. Fühlst du dich durch Leidenschaft oder die Aufregung angetrieben, lass dieses Gefühl durch deinen Körper fließen. Solltest du versuchen, diese Emotion zu unterdrücken und sie zurückzuhalten, wird dich das viel Kraft kosten. Du kannst deinem Instinkt schon vertrauen. Sorge dich nicht über das Ergebnis der Wunscherfüllung oder deines Handelns. Es werden Wunder passieren, wenn du loslässt.

Beispiel 4: Die Power

Möchtest du Geld manifestieren, darfst du die Macht nicht dem Geld geben. Dies würde deine Fähigkeit, zu erschaffen, schwächen und so wirst du kein Geld anziehen. Leider machen viele diesen einen Fehler und geben dem Geld die Macht. Du wirst nichts manifestieren, wenn du denkst, dass Geld Macht über dich hat. Geld hat keine Macht, es verschafft dir keinen Reichtum, Glück oder Erfüllung. Es ist einfach nur da, denn die wirkliche Macht, die kommt aus dir. Wenn du denkst, dass du zu schwach bist, um Geld anzuziehen, solltest du dich besser nach einem gut bezahlten Job umsehen, um Geld zu erhalten. Du gibst so dem Geld die Macht, „Nein" zu sich zu sagen. Es kann sich so weigern, zu dir zu kommen, wenn du verstehst, was ich meine. Du musst in deinem Herzen und in deinem Geist wissen, dass du zu 100 % das Geld dominierst und das es dir ergeben ist. Du beherrschst das Geld und nicht es dich.

Wenn du es an deiner Seite willst, dann wird es auch zu dir kommen. Im Grunde befiehlst du dem Geld, dass es real wird. Du bist der Schöpfer im Universum und das Geld kann dann nicht anders, als dir zu gehorchen. Wenn du dem Geld die Macht gibst, dann wird es deinen Wunsch verweigern und sich praktisch denken:

„Na, wenn das so ist, wieso sollte ich zu dir kommen?"

Du wirst den Kampf verlieren, wenn du deine Macht abgibst und dennoch versuchst, zu manifestieren. So ringst du im Grunde genommen mit dir selbst. Denke daran, dass Geld nur eine Zahl ist, die aus Papier und Metall besteht. Wie könnte es mehr Macht haben als du? Du bist verrückt, wenn du denkst, dass du nur dann stark bist, wenn du Geld besitzt. Wenn du mit dieser Ansicht manifestieren willst, wirst du noch schwächer werden. Du wärst unentschlossen und hättest keinen starken Willen mehr und das Geld würde mächtiger werden, als du es bist. Du würdest eine schlechte Bindung zu ihm aufzubauen und hättest immer mehr Angst, es zu verlieren. So wird es zu einer Machtquelle, die dich ausnimmt. Sei für den Anfang also zufrieden damit, weniger davon anzuziehen, wenn du deine Macht, bzw. dein Glaube an dich, noch nicht stark genug ist (Junger Skywalker ;-)). Sei dir bewusst, dass du der Schöpfer bist und niemand anders!

Jetzt fragst du dich bestimmt, nach all meinen Mahnungen, wieso du es überhaupt manifestieren solltest, wenn es eh wie nutzlos ist? Du musst dies gar nicht, aber wenn du es doch möchtest, musst du das Ganze als ein Spiel sehen. Es ist dein Spielzeug, nicht mehr und nicht weniger. Du kannst die Erfahrung machen, es zu manifestieren, dann wirst du es auch eher erhalten. Wünschst du dir aber etwas, was man nur mit Geld erwerben kann, konzentriere dich eher auf den Wunsch, als auf das Geld.

Beispiel 5: Das Hocharbeiten

Möchtest du Geld manifestieren, solltest du klein anfangen und dich immer weiter hocharbeiten, um größere Geldsummen zu manifestieren. Betrachte das Ganze weiterhin wie einen Punktestand in einem Spiel. Diesen möchtest du erhöhen. Versuche dabei, die kleinen Beiträge, wie auch die großen, gleichwertig zu betrachten, um nicht Gefahr zu laufen, dass es schwieriger sei, größere Beträge zu manifestieren.

Ich habe damals mit Münzen angefangen und irgendwann mich an die 50 Euro Scheine versucht. Irgendwann waren dann die 100 Euro dran bis zu 1.000 Euro. Ich brauchte für die 100 Euro nicht mal ein ganzes Jahr, bis ich es in den Händen hielt. Bist du gut darin, die Münzen zu manifestieren, wirst du es auch bei mehr Geld schaffen, denn das Prozedere ändert sich nicht. Deine Einstellung zum Geld ist das einzige, was dir im Weg stehen kann. Wenn du dich aber hocharbeitest, Schritt für Schritt, dann werden sich auch deine Ansichten wandeln. Das Geld kommt zu dir durch deine Einstellungsfilter. Du musst sie dafür nicht komplett ändern, sondern nur den Richtigen auswählen, der dich zu deinem Geld bringt. Münzen findest du mithilfe der Manifestation auf der Straße, vielleicht auch mal einen Geldschein. Die großen Beträge findest du eher durch Abschlüsse eines Geschäftes, Aktien, Handlungen oder durch Erbschaften. Geh einfach davon aus, dass diese

Summen dich anstarren und anschreien, weil sie wollen, dass du sie bemerken sollst.

Beispiel 6: Die Kongruenz

Jede Beziehung in deinem Leben ist entscheidend für deine Stimmung, die du ans Universum abgibst. Das bezieht auch die Beziehung mit ein, die du zum Geld hast. Beispielsweise hast du einen Job, der nicht viel Geld abwirft, und du versuchst nebenbei ein kleines Einkommen zu manifestieren. Dies wird deswegen nicht funktionieren, da du das negative Gefühl, zu wenig zu verdienen, immer wieder bei der Arbeit abholst. Es ist so, als würdest du manifestieren und diese dann wieder zurücknehmen. Deine Gefühle wechseln dabei von gut zu schlecht und das ist eines der tiefen Gründe, wieso dieses Gesetz für die meisten nicht zu funktionieren scheint. Täglich strahlst du Stimmungen aus, die nicht in Kongruenz zueinander sind. Du visualisierst an einem Tag Geld, fühlst dich reich und am anderen kaufst du billige Nahrung im Supermarkt ein. Damit signalisierst du, dass du das Geld nicht wert bist und es dir nicht leisten kannst. Wie kann das sein, obwohl du doch innerlich angeblich reich bist?

Wenn es mal dazu kommt, dass deine Stimmungen in einem Konflikt zueinanderstehen, dann solltest du dennoch versuchen, deine Stimmung wieder auf den Reichtum zu lenken. In deinem Herzen kannst du dafür

Dankbarkeit erzeugen, worüber ich im nächsten Kapitel sprechen werde. Kaufst du also billige Ware ein, dann solltest du für diese in dem Moment dankbar sein und sie schätzen. Schätze es, dass du dir dennoch Nahrung kaufen kannst, weil du es dir leisten kannst, ganz gleich, wie billig es ist. Danach kannst du dich emotional auf die teureren Sachen fokussieren. Mach dich also selber nicht fertig, wenn du dir Dinge nicht leisten kannst, weil du damit nur deine Frequenz veränderst. Lobe dich stattdessen für das, was du schon alles manifestiert hast, und sei geduldig mit dir selbst.

Fängst du an, dich schlecht zu fühlen, betrachte das Ganze als eine Art Feedback der Gefühle und frage dich bewusst:

„Das will ich wohl nicht, was stattdessen?"

Denke danach über andere Dinge nach und erlaube deinem Inneren, eine positive Stimmung in dir aufzunehmen.

Alles in allem ist Geld zu manifestieren eine spaßige Angelegenheit. Du wirst Geld auf spielerische Art anziehen, weil du das Wissen und die Macht dazu hast. Du brauchst dafür nicht viel Disziplin, nur mentale und emotionale Stärke. Die Regel ist, dass du gut zu dem Geld bist und dann ist es auch gut zu dir.

It´s so easy - 5 Tricks um im Alltag Geld anzuziehen

„Man kann einen See nicht lediglich dadurch überqueren, dass man dasteht und das Wasser anschaut“

Rabindranath Tagore

Ja, es klingt alles etwas unglaubwürdig, weil es so leicht wirkt, aber es funktioniert tatsächlich. Durch die Tricks, die ich dir gleich nennen werde, wirst du dich mit dem Geld verbunden fühlen und ein positives Gefühl damit aufbauen. Mache also aus deinem 10 Euroschein einen 20 Euroschein ;-)

Trick 1: Alles was du gibst, kommt dreifach zu dir zurück

Wenn du einkaufen warst und an der Kasse bist, um zu bezahlen, sage dir dabei immer:

„Alles was ich gebe, kommt dreifach zu mir zurück“.

Du entwickelst damit eine Freude daran, Geld auszugeben, und hast ein gutes Gefühl dabei. Du verspürst keinen Verlust, wieder Geld verloren zu haben, sondern dass du es im Überfluss hast. Geld muss immer im Umlauf sein und je mehr du davon ausgibst, desto mehr kommt zu dir zurück.

Achte darauf, dass beim Bezahlen die Brücke des Scheins nach oben zeigt, damit du die Verbindung zum Geld stärken kannst. Somit öffnest du den Pfad zum Geld.

Du fragst dich jetzt, was das bedeutet? Wenn du dir einen Euro-Schein anschaust, wirst du feststellen, dass auf der einen Seite aller Euro-Scheine immer ein Fenster oder ein Tor dargestellt ist und auf der anderen eine Brücke. Gibst du den Schein mit der Fenster-Seite aus, ist die symbolische Wirkung so als würdest du das Geld aus dem Fenster werfen. Wenn du jedoch den Euro-Schein mit der Brücken-Seite nach oben gibst, kann er über diese Brücke zu dir zurückkommen...

Trick 2: Gleiches zieht Gleiches an

Es ist klug, dein Geld immer im Blick zu haben und das der Anblick davon dir ein Gefühl des Wohlstands schenkt. Versuche also auch immer, etwas mehr Geld mit dir herumzutragen. Du signalisierst damit, dass es das Geld wert ist. Das Gefühl und das Geld stehen dann in Verbindung miteinander und du wirst das anziehen, was du siehst. Es ist also nicht verkehrt, die 500 Euro auf dem Nachttisch liegen zu haben.

Trick 3: Der Geldmagnet

Du kannst dir selber einen Geldmagneten bauen, ist das nicht cool? So verstärkst du das Gefühl des Reichtums in dir und so einfach geht's:

Lege dir ein Konto an, auf dem du jeden Monat 10 % deines Geldes einzahlst. Nimm niemals Geld von diesem Konto, sondern lass es schön da, wo es ist. Du hast somit ein Konto, was immer weiterwächst und sich einfach vermehrt. Das Unterbewusstsein wird merken, dass du immer reicher und reicher an Geld wirst. Dies wird sich dann noch verstärken, weil es dir hilft das anzuziehen, was du fühlst. Nämlich, dass du immer mehr Geld hast.

Trick 4: Dein Mindset

Dein Mindset, also deine Glaubenssätze, sind superwichtig, wenn es um das Geldanziehen geht. Es ist wichtig, was du denkst und deswegen solltest du deine Gedanken überprüfen. Die meisten deiner Gedanken sind definitiv nicht positiv und die Muster, die du programmiert hast, werden ebenfalls negativer Natur sein. Vor allem, wenn es um das liebe Geld geht. Mache es dir also zur Gewohnheit, mit dir selbst zu reden und deine Sätze positiv zu formulieren. Gerade das Thema

Geld ist für viele sehr hartnäckig, somit es ist da besonders schwer, zu manifestieren. Helfen können aber auch Autosuggestionen, die direkt ins Unterbewusstsein gelangen. Jeder Mensch, der erfolgreich und reich sein will, hat positive Glaubenssätze in sich.

Trick 5: Die Geldscheinmethode

Ebenso kannst du einen 100 Euroschein mit dir herumtragen, diesen aber nicht ausgeben. Du zeigst damit deinem Unterbewusstsein, dass du dir alles kaufen kannst, was du möchtest, es aber nicht willst. Siehst du an einem Tag 100 Dinge, die ganze 100 Euro oder auch weniger wert sind, zeigst du damit, dass du sogar Dinge im Wert von 10.000 Euro haben kannst. Du kannst diese Methode auch mit jedem beliebigen Geldschein machen.

Alle diese Tricks helfen, dein Unterbewusstsein positiv auf das Thema Geld einzustimmen. Denn genau das ist entscheidend. Und alle Tipps funktionieren! Aber sie funktionieren nicht von heute auf morgen. Du musst am Ball bleiben, bis sich die gewünschten Ergebnisse einstellen. Aber diese kommen – definitiv!

Schalte den Turbo ein! - Dankbarkeit verbunden mit Gefühlen

„Selbst das schwächste Gefühl kann etwas vollbringen, wenn es seine Kräfte auf einen einzigen Gegenstand konzentriert, ebenso wie das stärkste möglicherweise nichts erreicht, wenn es seine Kräfte zersplittert."

Thomas Carlyle

Hast du schon mal etwas von dem kosmischen Gesetz der Fülle gehört? Es sagt aus, dass wir die Fülle von Natur aus haben können und diese uns zusteht. Der Mensch wurde erschaffen, damit er ein Leben in Fülle haben kann und nicht im Mangel leben muss. Unsere Gedanken sind der Grund dafür, ob wir Mangel oder Fülle erleben. Bedenke, dass dein größter Feind das eigene Bild ist, was du dir selbst erschaffst. So können deine negativen Gedanken, deine Ängste und Glaubenssätze dich für die Fülle blockieren und auch dein Leben beeinflussen. So wirst du nie handeln, um das zu erhalten, was dir zusteht, denn du wirst zögern und Angst haben.

Die Dankbarkeit

Die Dankbarkeit ist, neben der Liebe, die stärkste Kraft im Universum. Du brauchst Platz für die Dankbarkeit, damit das Geld zu dir kommen kann. Selbst wenn du gerade unter Geldmangel leidest, musst du dankbar sein. Du kannst Dankbarkeit üben, auch wenn es anfangs nicht leicht ist.

„Wer aber keine Dankbarkeit (für Geld) hat,
dem wird auch das genommen, was er hat."
Rhonda Byrne

Sei also dankbar für das, was du bereits hast und du wirst mehr davon bekommen. Dankbarkeit erzeugt ein sehr starkes Gefühl, was dich sogar zu Tränen rühren kann, und dann bist du sehr empfänglich für deine Wünsche. In fast allen Büchern, die ich über das Manifestieren gelesen habe, ist die Dankbarkeit der einzige Schlüssel zur Erfüllung deiner Wünsche. Ich kann aber auch verstehen, dass es nicht so leicht ist, dankbar für etwas zu sein, was wir eben nicht haben, aber unbedingt wollen.

Wie ich bereits in den vorherigen Kapiteln gesagt habe, steht der Geist über der Materie und die Gedanken erschaffen das, was du dir wünschst. Vielleicht fragst du dich jetzt, was das wieder mit der Dankbarkeit an sich zu tun hat?

Siehst du dein Ziel vor deinem geistigen Auge, ist das Unterbewusstsein sehr fokussiert und deine Gefühle bestimmen das „Ja“ oder „Nein“ für deinen Wunsch. Dankbar ist man meist für das, was man hat. Versetzt man sich also in das Gefühl der Dankbarkeit bei etwas, was man bereits hat, kann man dieses Gefühl auf das Ziel / seinen Wunsch übertragen.

Das Gegenteil der Dankbarkeit ist die Undankbarkeit, die natürlich all die negativen Situationen und Befürchtungen in dein Leben zieht. Bist du undankbar, dieses oder jenes noch nicht zu erhalten, wirst du Neid, Wut, Enttäuschung und Minderwertigkeitsgefühle anziehen. Diese zeigen deinem Unterbewusstsein, dass du gar nicht bereit bist, deine Wünsche zu manifestieren. Du erwartest eher das Gegenteil davon und signalisierst, dass nicht der richtige Zeitpunkt gekommen ist. Das, was du negativ denkst, wird sich nicht manifestieren, denn das Unterbewusstsein bekommt falsche und widersprüchliche Gedanken und Gefühle.

Wenn wir aber dankbar für das sind, was wir bereits haben (auch wenn es sich noch nicht manifestiert hat), betrachten wir damit auch unsere Wünsche so als wären sie schon real. Das Universum wird demnach eine Kettenreaktion auslösen, weil du dich mithilfe der

Dankbarkeit auf das Positive und deinen Wunsch fokussierst. Glaubst du an die Erfüllung deiner Wünsche und hast auch deine Gedanken danach ausgerichtet, hast es aber in der physischen Welt noch nicht, wird das Universum diesen Widerspruch auflösen müssen. Entweder tut es dies positiv oder negativ, indem deine Erwartung sich der Situation anpasst oder das Universum es so macht, dass du die Dinge erhältst, die zu deiner Dankbarkeit und deiner Überzeugung passen. Dankbarkeit hat zudem ebenso noch einen schönen Nebeneffekt: Du wirst dich auf die Dinge konzentrieren, die du möchtest und nicht auf die, die du eigentlich nicht willst. Du sendest also immer auf einer positiven Frequenz.

Meditation – Nützlich oder Nonsens?

„Wer immer tut, was er schon kann,
bleibt immer das, was er schon ist."

Henry Ford

Meditation ist etwas, was nicht jedermanns Sache ist. Für die meisten ist das völliger Nonsens und für andere lebensnotwendig. Es heißt nicht, dass du dabei an nichts denken musst, sondern es geht um das Gesamte, was bei einer Mediation passiert. Es geht um das Hier und Jetzt, um die Achtsamkeit und den Fokus neu auszurichten.

Für den Fokus ist es wichtig, dass du deine Aufmerksamkeit beim Meditieren auf deine Atmung lenkst. Viele fragen sich, wie sie das im Alltag machen sollen, umgeben von Stress und Lärm. Meditationen erlauben es dir, den Tag Revue passieren zu lassen und sich deiner Gefühle bewusst zu werden. Du lernst dein Innenleben besser kennen und richtest deine Absichten, Wünsche und Glaubenssätze in die Richtung, die du vorgibst. Vor und nach dem Schlafen gehen sind die besten Zeiten, um zu meditieren. Du begegnest dabei deinem Unterbewusstsein und kannst mit ihm kommunizieren. So sind Meditationen für Visualisierungen bestens geeignet.

Des Weiteren gibt es Brainwaves, die die Gehirnwellen auf ein bestimmtes Ziel lenken oder Alpha-Streams für Visualisierungen der Zukunft, sowie Theta- oder Delta-Streams, die die Glaubenssätze verändern können, Blockaden lösen und dich in eine Tiefenentspannung bringen. Ich zeige dir anhand von 6 Schritten, wie du dich auf eine Meditation vorbereiten kannst:

Schritt 1: Verbinde dich mit deinem Körper und den Energien des Himmels und der Erde. Über das Herz kannst du in Verbindung damit treten und auch in Verbindung mit den Herzen der anderen Menschen. Sogar mit Ländern, Städten und der ganzen Welt – Verrückt nicht?

Schritt 2: Sei für 5 Dinge oder Menschen in deinem Leben dankbar.

Schritt 3: Bitte im Geiste die Person um Vergebung, die dich verletzt hat, und vergebe ebenso. (Das Gleiche kannst du natürlich auch später, in real machen)

Schritt 4: Überlege, welche Vision von dir willst du leben?

Schritt 5: Was möchtest du die nächsten 24 Stunden tun, damit sich die Vision erfüllt?

Schritt 6: Bitte um Segen für dich und deine Wünsche.

Wirkt Meditation überhaupt?

„Vielleicht drückte es Einstein am besten aus:
„Imagination ist wichtiger als Wissen".
Wieder und wieder wurde bewiesen, dass unsere Gehirne nicht unterscheiden können, ob wir uns etwas lebhaft vorstellen, oder etwas tatsächlich erleben.
Wenn Sie dies einmal verstanden haben, kann es Ihr Leben verändern."

Anthony Robbins

Viele Menschen fragen sich, ob Meditation überhaupt wirksam ist, und vielleicht gehörst du ja auch dazu. Einige der Experten sind da skeptisch, doch Forscher haben herausgefunden, dass Meditation Bereiche des Gehirns wachsen lässt.

Mittlerweile tun es Persönlichkeiten wie Richard Gere oder Christy Turlington. Auch Manager, die kurz vorm Burnout stehen und mit Meditation ihren Stress reduzieren und mehr Ruhe im Alltag finden möchten, meditieren.

Die Hirnforscherin Prof. Tania Singer ist der Meinung, dass Meditation mehr als ein Trend ist. Sie arbeitet daran, die Auswirkungen auf das Gehirn zu erforschen und tut dies mithilfe von Hirn Scans und der Wissenschaft. Aber nicht nur das, auch viele Meditierende sind der Ansicht, dass Meditation wirkt. Die Frage ist nur wie und wo? Die Forscher messen Hirnströme und untersuchen Probanden mithilfe eines MRTs. Viele Studien brachen ab, weil sie wissenschaftlich nicht belastbar waren und die Probanden fehlten. Um 2007 herum waren die Ergebnisse einer US-Metaanalyse für 800 Meditationsstudien nicht aussagekräftig genug. Neuere Studien wollen so etwas vermeiden und deshalb sehen sich Forscher aus Harvard und Gießen die Auswirkungen eines Meditationsverfahrens an, das auf die Achtsamkeit ausgelegt ist. Dies nennt sich MBSR (Mindfulness-Based-Stress-Reduction) und das wird mithilfe eines Hirn Scans durchgeführt. Die Teilnehmer berichteten nach 8 Wochen, dass sie mit Stress besser umgehen können und auch das Gehirn zeigte Veränderungen: An der Amygdala gab es weniger Dichte, was die graue Substanz angeht. Diese ist für die Verarbeitung von Angst und Stress verantwortlich. So ist mehr Dichte im Hippocampus für das Mitgefühl und die Selbstwahrnehmung verantwortlich.

Um richtig meditieren zu können, muss man über die Atmung gehen. Dies ist der Fokus für die Mediation. Sie sollte tief und gleichmäßig sein, denn dann bewirkt sie sehr viel, und hilft Entspannung und innere Ruhe zu erleben. Jeder, der meditiert, merkt schnell, dass Gedanken und Gefühle eine Meditation stören können. Darum ist es wichtig, dass man währenddessen eine Distanz zu seinen Wahrnehmungen, Gedanken und Gefühlen aufbaut. So wird man nicht davon übermannt oder abgelenkt und lässt zu, dass man sehr viel klarer sieht. Auch für das Visualisieren sollte dein Inneres Bild für dich deutlich zu erkennen sein, damit du Dinge in dir verändern kannst.

Affirmationen – Muss ich wirklich jeden Tag etwas vor mich her brabbeln?

„Wer heute nichts tut, lebt morgen wie gestern."

Verfasser unbekannt

Sicherlich hast du schon etwas über Affirmationen gehört und hast dir bestimmt gedacht, dass es doch auf Dauer sehr anstrengend sein muss, jeden Tag vor sich hin zu affirmieren. Dennoch kann ich bestätigen, dass die Affirmation eine sehr mächtige Technik des Visualisierens und Manifestierens ist.

Sie kann dir helfen, Reichtum und Geld anzuziehen, aber auch Liebe und Glück in der Partnerschaft, Gewicht zu verlieren und deine Gesundheit aufzubauen. Loslassen, sowie die Stärkung des Selbstvertrauens geht ebenfalls mit den Affirmationen.

Doch was genau ist eigentlich eine Affirmation? Es sind Wörter, meist kurze Sätze, die einen positiven Einfluss auf dein Unterbewusstsein haben. Sie können dir eine ganz neue Orientierung geben. Mit diesen Sätzen kannst du deine Denkweise verändern und auch Glaubenssätze umformulieren. Ich habe einige Beispiel mitgebracht, damit du eine Vorstellung davon bekommst, was eine Affirmation ist:

- „Ich bin bester Gesundheit."
- „Die Menschen um mich herum sind jeden Tag freundlich."
- „Ich werde immer selbstbewusster."
- „Ich habe meinen Traumpartner gefunden und lebe mit ihm/ihr in Liebe."
- „Ich bin erfolgreich, indem was ich tue."
- „Ich verdiene immer mehr Geld."

Um noch einmal auf die Definition der Affirmation zu kommen: Eine Affirmation ist eine bejahende Aussage oder auch ein positiver Satz. Es stammt aus dem Lateinischen affirmatiô, was „Beteuerung" bedeutet. Eine Affirmation kann demnach alles sein, was sich positiv anhört. Simple Sätze bzw. Aussagen, die du jeden Tag unbewusst tätigst, sind im Grunde eine Affirmation. Damit diese Technik dir das bringt, was du dir wünschst, musst du die Wiederholung und den Fokus kennenlernen. Der Fokus auf ein Ziel heißt, dass die Affirmation immer mit deinem Wunsch verbunden ist und die Wiederholung heißt nichts anderes, dass du regelmäßig affirmierst und dies über einen längeren

Zeitraum tust. So wird sich der Satz in dein Unterbewusstsein einprägen und deine Denkweise sowie dein Leben verändern. So würde die Definition vollständig aussehen:

Eine Affirmation ist ein Satz, der positiv formuliert und über einen längeren Zeitraum wiederholt wird, damit ein Ziel erreicht werden kann.

Die Wirkung der Affirmation – So much Power!

„Zeig mir jemand, der etwas Lohnenswertes geschafft hat, und ich zeig dir jemand, der Widerstände überwunden hat."

Lou Holtz

Es lässt sich nicht sagen, wie diese Sätze dein Verhalten genau beeinflussen, jedoch lenkt eine Affirmation dein Handeln immer in die Richtung deines Ziels, selbst wenn du es nicht erkennen wirst. Das liegt daran, dass dein Unterbewusstsein mehr weiß als dein Bewusstsein und so wird es Strategien entwickeln und Zwischenziele einbauen, damit du dein Ziel in Händen hältst. Es ist auch stärker als dein Bewusstsein, so ist es wichtig, dass du weißt, dass negative Sätze, wie:

„Ich werde nie reich werden." oder „Geld steht mir nicht zu."

deinem Ziel nur im Weg stehen und dein Unterbewusstsein nach eben dieser negativen Affirmation handeln muss. So solltest du eher sagen:

„Ich bin reich." und „Geld fließt mir zu."

Du wirst deine Ziele nie erreichen, wenn du nur bewusst dafür bist und mit Disziplin darauf hinarbeitest. Du musst ebenso in deinem Inneren davon überzeugt sein. Und positive Affirmationen helfen dir ungemein dabei. Damit kannst du negative Glaubenssätze ablegen und diese durch neue, bejahende ersetzen. Dann verändert sich auch dein Handeln und deine Wahrnehmung.

Wenn du also denkst, dass dein Einkommen weiter steigt, statt das das Geld nicht ausreicht, wirst du eher die Chance haben, mehr Geld zu verdienen und jede sich ergebende Gelegenheit wahrnehmen, die sich dir bietet. Wenn du deine Affirmation mit positiven Gefühlen verbindest, hat sie eine schnellere und stärkere Wirkung. Nimm hierfür am besten die Dankbarkeit und die Freude und verbinde dich mit deinem Herzen. Denn das Herz sendet mit einer viel stärkeren Kraft, als es dem Gehirn möglich ist. Um deine Freude auf etwas zu erhöhen, solltest du dir vorstellen, wie schön dein Leben ist, wenn sich deine Affirmation erfüllt. Was wirst du dann alles tun? Wo wirst du sein und mit wem? Beim Affirmieren ist das Visualisieren sehr gut. Stell dir also ruhig ein Bild oder einen Film vor, um dein Ziel zu „sehen". Je intensiver du die Vorfreude spürst, desto mehr wird das Unterbewusstsein den Drang verspüren, dir bei der Erfüllung deines Wunsches zu helfen. Du wirst das Potential erkennen, was in dir liegt und wirst es zu deinen Gunsten nutzen.

Deine Vorfreude muss aber authentisch und echt sein. Tust du dich schwer damit, liegt es meist daran, dass du mit einem gewissen Druck an deinen Wunsch herangehst und es unbedingt haben willst, weil du sonst nicht glücklich sein kannst. In diesem Fall ist die Dankbarkeit als Gefühl wohl besser für dich geeignet. Dabei solltest du vor dem Affirmieren alles durchgehen, wofür du jetzt schon dankbar bist. Denke an das, was du gerne in deiner Freizeit machst und an das, was dir Spaß macht. Bedanke dich für tiefe Freundschaften und deine Familie. Was liebst du an deinem Job? Danke für deine Kollegen und deinen umgänglichen Chef. Danke dafür, dass du die Chance hast, so einen Job zu bekommen. Bist du gefüllt mit Dankbarkeit, affirmierst du automatisch aus einem Gefühl der vollkommenen Fülle. So zeigst du deinem Unterbewusstsein, dass du alles in deiner Nähe hast und ganz gleich, ob sich dein Wunsch erfüllt oder nicht, du jetzt schon zufrieden und glücklich bist. So wirst du locker und kannst dies für deine Affirmationen nutzen.

Gehörst du zu den Menschen, die eher mit dem Kopf durch die Wand wollen, wird es dir nicht einfach fallen, positive Gefühle zu erzeugen. Dann solltest du davor etwas abschalten und entspannte Musik hören. Auch eine Meditation kann sehr hilfreich sein, damit dein Kopf frei werden kann.

Wiederhole deine Affirmation – Immer wieder!

„Wer hohe Türme bauen will,
muss lange beim Fundament verweilen."

Anton Bruckner

Ich habe selbst miterlebt, dass eine Affirmation nach wenigen Tagen ihre Wirkung zeigte. Dennoch ist dies eine Ausnahme. Möchtest du erfolgreich sein, mit dem, was du sagst und denkst, musst du deine Sätze wiederholen und wiederholen und wiederholen.

Dein ganzes Leben über haben deine Eltern, deine Kollegen, Filme, Bücher, Musik, die Werbung, deine Freunde und deine Lehrer deine inneren Sätze geformt. Manche Glaubenssätze stammen nicht von dir, aber du hast sie so tief verinnerlicht, je mehr man sie dir an den Kopf warf. So ist dein Unterbewusstsein mehr aufs Negative, statt aufs Positive gerichtet. Möchtest du jedoch die Glaubenssätze umprogrammieren, und zwar zu deinen Gunsten, wirst du das nicht in wenigen Tagen schaffen.

Überleg mal, dein Unterbewusstsein wurde über Jahre manipuliert, so braucht es seine Zeit, um umzudenken. Wenn du also mit deinen Affirmationen die Richtung ändern und dein Unterbewusstsein umprogrammieren möchtest, darfst du nicht verzagen, wenn nicht schnell eine Veränderung in Sicht ist. Du darfst aber nicht Mitten im Wechsel aufgeben, dann wirst du dein Ziel ebenfalls nicht erreichen. Lass dir selber Zeit und habe Geduld mit dir. Bist du Anfänger im Bereich der bejahenden Sätze, solltest du für den Anfang 3 Monate lang deine Affirmationen wiederholen und das täglich. Sage dir deine 5-10 Sätze vor dem Einschlafen auf und wenn du morgens aufwachst. Du kannst dir Affirmationen aufschreiben, denken oder laut sagen und das dauert maximal 3 Minuten. Diese 3 Minuten wirst du doch für 1.000 Euro oder mehr haben, oder?

Was ist da los? Warum passiert nichts?

„Wenn du dich in der Zwickmühle befindest, und alles sich gegen dich verschwört und du meinst, nicht länger Durchhalten zu können, darfst du auf keinen Fall aufgeben, denn jetzt ist der Augenblick gekommen, da sich alles zum Guten wendet."

Harriet Beecher-Stowe

So, jetzt kann es sein, dass du alle Techniken des Visualisierens auf einmal gemacht hast, alle 5 Tricks im Alltag angewandt hast, und dich so sehr angestrengt hast, um an Geld zu kommen, und ... nichts passiert. Die Manifestationen bleiben aus.

Kennst du das Gefühl, sich ein Ziel zu setzen und es nicht zu erreichen? Dabei sagte ich dir ja das gesamte Buch über, dass du nur Visualisieren brauchst, dir intensiv vorstellen sollst, was du möchtest und daran mit all deiner Kraft glauben sollst und es wird sich erfüllen. Ich sagte dir aber auch, dass eine falsche Visualisierung deine Ziele verhindern kann und das haben Forscher sogar bestätigt, aber wieso ist das so? Grundsätzlich gebe ich dir immer den Rat, deine Gefühle zu überprüfen und zu schauen, ob du das, was du manifestierst, auch von Herzen willst. Sollte das aber alles nicht helfen, gibt es noch eine Lösung.

Positive Vorstellungen sind nichts Falsches, denn es ist sinnvoll, dass du an das glaubst, was du haben möchtest. Diese Visualisierungen geben dir einen Einblick in das Leben, was du dir wünschst. Du kannst deinen Erfolg vor deinem inneren Auge sehen und fühlen. Wenn du dir aber vorstellst, dass du schon Erfolg hast, wird dein Gehirn nicht wirklich das Gefühl haben, weil es denkt: „Moment mal, da stimmt etwas nicht." Und dir deshalb nicht aktiv dabei helfen wird, den Erfolg auch zu erreichen. Ich weiß, das spricht gegen alles, was ich in den vorherigen Kapiteln geschrieben habe, aber ich sage dir einen einfachen Trick, wie das nicht passieren kann. Stell dir einfach folgende Fragen:

„Welchen Preis hat mein Ziel?"
„Wie ist es, wenn ich dieses Ziel erreicht habe?"

Denn manchmal wollen wir etwas, aber wollen das Ganze, was dazugehört, nicht. Ein Beispiel: Du willst abnehmen und willst dafür ins Fitnessstudio gehen. Dafür brauchst du Zeit. Zeit, dorthin zu fahren, das Training zu machen und zu duschen. Ein anderes Beispiel wäre: Du möchtest deinen Umsatz im Unternehmen steigern, weil du endlich mehr Geld verdienen willst. Stell dir vor, wie es wäre, wenn der Umsatz höher wäre, und frage dich:

- „Was ist der Preis für dieses Ziel?"
- „Muss ich dafür früher aufstehen?"
- „Brauche ich Hilfe dabei?"
- „Brauche ich einen guten Verkaufsprozess?"
- „Würde ein Marketing Kalender angebracht sein?"
- Usw.

Verstehst du, was ich damit sagen will? Du kannst visualisieren, aber du solltest dabei auch an den Weg denken und nicht nur das Ziel vor Augen haben. Wenn du selber konkrete Vorstellungen hast, wie du an mehr Geld kommen kannst, dann setz sie um. Denke an die Zwischenschritte und visualisiere diese erst einmal. Natürlich wird das Unterbewusstsein dich ebenso unterstützen, wenn du dir das Ziel bildlich vorstellst, aber es wird so definitiv schneller gehen.

Die einzige Motivation, die du haben musst, damit sich deine Ziele erfüllen, ist das Begehren aus tiefstem Herzen und den Spaß, den das Träumen mit sich bringt.

Es ist Zeit zum Ende zu kommen

„Zuerst ignorieren sie dich, dann lachen sie über dich, dann bekämpfen sie dich und dann gewinnst du."

Mahatma Gandhi

Jeder hat vom Visualisieren und Manifestieren gehört oder gelesen, aber die wenigsten wissen, wie man es umsetzen kann. Visualisieren heißt, sich das Ziel oder den Wunsch im Geist bildlich vorzustellen, und das so detailliert wie möglich. Dein Unterbewusstsein bekommt dadurch die Information, dass das, was du visualisierst, in dein Leben kommen muss. Du erschaffst mit der Visualisierung deine persönliche Realität und bringst das Innere nach außen. Dass es nicht ganz so einfach ist und du dir einfach nur für paar Minuten etwas vorstellst und Simsalabim, es ist da, dürfte die nun klar sein. Das Gefühl ist beim Visualisieren der Motor und wichtiger als das Bild in deinem Kopf. Nur so kannst du dir alles wünschen, was du möchtest und es wird Wirklichkeit werden. Wie funktioniert das?

Dein Gehirn oder auch das Unterbewusstsein ist nicht in der Lage, einen Unterschied zwischen der Realität und der Fantasie zu erkennen. Du musst also nur oft visualisieren, bis die Vorstellung tief in deinem Unterbewusstsein verankert ist. Beim Manifestieren ist es etwas anders, denn dabei geht es darum, aktiv das in dein Leben zu holen, was du so begehrst. Beim Manifesteren festigt sich dein Wunsch in der Realität und du kannst diesen Prozess bewusst unterstützen. Hierbei spielt das Bewusstsein eine Rolle, wie beim Visualisieren das Unterbewusstsein. Ich habe dir anhand des Beispiels des Apothekers gezeigt, dass Manifestation die Macht hat, Positives wie auch Negatives zu erschaffen und zu manifestieren. Coulé ging sogar so weit zu behaupten, dass dein Denken auch deinen Körper beeinflusst.

Ich habe im nächsten Kapitel versucht, dir die Manifestation wissenschaftlich zu erklären und es so einfach wie möglich gemacht. Dabei kam heraus, dass das Bewusstsein Materie erzeugen kann. Das heißt, beachtest du die Materie, verändert sie sich, ignorierst du sie, bleibt sie unverändert. Das konnte man anhand der Quanten sehen, die sich zu Teilchen formten. Laut neuer Experimente sieht man, dass sich die Quanten ohne jegliche Distanz oder Zeitverzögerung miteinander „unterhielten", was wiederum bedeutet, dass es keine Beschränkung zwischen Raum und Zeit gibt. Viele Manifestationstechniken zeigen, dass sich die Realität mithilfe der Gedankenkraft verändern lässt. So musst du nicht lange auf eine Manifestation warten, da die Zeit hier ja nicht weiter wichtig ist. Das beschreiben unzählige Bücher über das Gesetz der Anziehung, wie das von Wallace Wattles aus dem Jahr 1910. Nach seinen Erkenntnissen sollte es jedem Menschen möglich sein, reich zu werden, also wieso nicht auch dir?

Ich zeigte dir zudem, was es bedeutet, dass die Energie der Aufmerksamkeit folgt. Dieser Satz besagt, dass du das, womit du dich jeden Tag in Gedanken beschäftigst, immer anziehen wirst. Sogar die Bibel in Hiob 3,25 kann das bestätigen:

„Denn was ich gefürchtet habe, ist über mich gekommen, und was ich sorgte, hat mich getroffen."

Dies zeigt, dass das, worüber du dir Sorgen machst oder Angst hast, auch in deinem Leben passieren wird. Die negativen Gefühle haben eine Frequenz, die nichts Positives aussendet. Gleichzeitig haben sie eine hohe Energie. Deswegen habe ich dir die 23 Gefühle der Emotionsskala gezeigt, wo du eine Abwärtsspirale und Aufwärtsspirale siehst. Sie zeigt dir, wie du unbewusst und bewusst mithilfe der Gefühle deine Gedanken in die gewünschte Richtung lenken kannst. Sie dient als Gradmesser für die Beobachtung deiner Gefühle. Solltest du also nicht wissen, wann du gut oder schlecht denkst, kannst du dich danach orientieren und bewusst ein besseres Gefühl erzeugen. Je höher das Gefühl, desto mehr bist du mit deinem Wunsch in Einklang, deswegen sind Liebe und Dankbarkeit sehr hoch im Kurs, wohingegen Angst und Hass eher kontraproduktiv sind.

Gefühle sind beim Visualisieren und Manifestieren das A und O. Sie spielen eine entscheidende Rolle darin, ob sich etwas erfüllt oder nicht. Übst du die Vorstellungskraft mithilfe des Master Key Systems, wirst du vor allem von der innerlichen Ruhe und Gelassenheit profitieren. Beim Visualisieren begibst du dich also an einen Ort, wo du dich vollkommen entspannen kannst und dich wohlfühlst, und zwar gedanklich und körperlich. Fühle das, was du dir vorstellst, mit all deinen Sinnen. Begib dich in den inneren Raum deiner Stille, wo du neue Einblicke für die Erfüllung deines Ziels bekommst. Du wirst dort Tipps erhalten, wie du am besten handeln kannst, um dein Ziel zu manifestieren. Schmücke dein Bild mit allen möglichen Details aus und mache das „Was" zu einem „Wie". Stelle mit den Gefühlen eine Verbindung zu dir und deinem Wunsch her, denn tust du dies nicht, hat der Wunsch keinen Grund, sich zu manifestieren. Hier wird oft ein Widerspruch deutlich, denn da wo Gefühle sind, ist keine Stille. Die Visualisierung jedoch findet in der Stille statt. Übe dich deswegen erst im Visualisieren, um danach auf die Emotionen einzugehen. Die Vorstellung deines Wunsches sollte so nebenbei ablaufen, dass das entsprechende und passende Gefühl dafür schon in dir aufkeimen wird. Du kannst auch mithilfe deines Körpers, z.B. durch Hüpfen oder Tanzen der Emotion etwas nachhelfen, um einen geistigen Zugang zu ihr zu bekommen.

Bedenke dabei, dass es zwei Gefühle gibt, die sehr intensiv sind, und zwar die Liebe und die Angst. Diese beiden Gegensätze können darüber entscheiden, ob sich deine Wünsche erfüllen oder nicht. Sie legen die Richtung fest, in der sich deine Gedanken bewegen. Handelst du aus Liebe, fühlst Liebe und hast liebevolle Gedanken, das wird sich das in deinem Leben widerspiegeln. Du wirst eine Verbundenheit mit der ganzen Welt spüren, wohingegen die Angst dich von den Ressourcen des Universums fernhält. Du unterdrückst deine eigenen Bedürfnisse und somit auch deine Wünsche. Du beschäftigst dich mit negativen Gedanken, die du eigentlich zu vermeiden versuchst, aber die Angst erwecken diese erst zum Leben.

Alles in allem ist dieses Buch eine gute Zusammenfassung für das Ausprobieren des Visualisierens und des Manifestierens. Du wirst mit der Kombination aus den verschiedenen Visualisierungstechniken das Geld schnell herbeiziehen. Die Tipps, die du dafür im Alltag anwenden kannst, bringen dich auf die richtige Frequenz und machen dich zu einem Geldmagneten. Wenn du gut über dich und das Geld denkst und eine gesunde und positiv erfüllte Beziehung damit führst, wirst du erleben, wie das Gesetz der Anziehung immer mehr zu deinem Verbündeten wird. Du musst nur darauf achten, deinen Wünschen nicht die Macht zu geben, die du in dir hast, denn sonst werden sie sich nicht erfüllen. Versuche, in allem immer die Freude zu spüren und das Ganze als ein Spiel zu sehen, denn genau das ist es. - Ein Lebensspiel.

P.S. – Ganz wichtig!

„Wenn Gott dir ein Geschenk machen will, verpackt er es in ein Problem.“

Norman Vincent Peal

Vielleicht ist es dir aufgefallen. Ich weise in diesem Buch des öfteren darauf hin, dass Wiederholung wichtig ist. Egal worum es sich handelt, ob es die 8 Techniken sind, die Übungen, die Affirmationen, die Tipps und Tricks, alles das wird dich zum Geld bringen, aber nur, wenn du es regelmäßig machst. Andauernd und Ausdauernd.

Das ist ganz wichtig. Es wahrscheinlich sogar das Wichtigste, was du aus diesem Buch mitnehmen musst.

Du kannst Gewohnheiten nicht von heute auf morgen ändern und dein Unterbewusstsein schon mal gar nicht. Die Dinge brauchen Zeit – Erfolg braucht Zeit. Und wer glaubt Erfolg kommt über Nacht ist, es tut mir Leid, ein Idiot.

Am Anfang läuft es gut, doch dann kommt die schwierige Phase, in der scheinbar alles schief geht. Das Leben, Gott oder was auch immer, testet uns. Es will wissen, wie sehr wir etwas wollen. Und an dieser Stelle gegeben die Meisten auf. Hier trennt sich die Spreu vom Weizen, weil viele glauben, es hat keinen Sinn und es klappt ja doch nicht.

Du machst nicht diesen Fehler nicht, du hälst durch! Du gehst solange durch den Nebel, bis du dein Ziel erreicht hast. Denn wenn du weitermachst, immer weiter, kannst du nicht scheitern. Das garantiere ich dir.

Aber bitte ... **Never, never give up!**

Falls doch etwas unklar ist oder dir noch irgendwelche Fragen auf der Seele brennen, biete ich dir meine Unterstützung an. Du kannst mich persönlich unter folgender Email-Adresse erreichen:
c.seilbach@gmx.de

Jetzt exklusiv für Leser dieses Buches! Der Motivations-Letter!

Lass dich täglich motivieren, inspirieren und zum Nachdenken anregen. Erhalte jeden Tag ein ausgewähltes Zitat mit einem dazugehörenden, stimmungsvollen Bild, welches dir hilft, dein Mindset weiter auf Erfolg zu programmieren. Denke daran, egal was du bisher schon erreicht hast, es geht immer noch mehr.

Das Ganze ist natürlich kostenlos, schließlich hast du ja das Buch gekauft.

Sei dabei und lerne von den klügsten und erfolgreichsten und werde selbst erfolgreich!

Zur Anmeldung gebe folgendes in deinen Browser ein:

ogy.de/w5oq

Weiterführende Literatur

Marc Galal, einer der besten Verkaufs- und Erfolgstrainer Europas und Experte für Persönlichkeitsentwicklung, hat ein neues Buch auf den Markt gebracht.

Von 0 zur ersten Million

Wie Du mehr Geld verdienst und weniger arbeitest!
Die Million auf dem Konto - ein unerreichbarer Traum für mich.
Was machen Millionäre anders als ich? Warum bin ich nicht so erfolgreich, wie ich gerne wäre?
Was muss ich tun, um mehr Geld zu verdienen und meinen Traum von der Million endlich wahrzumachen?

Die Antwort ist leicht: Du musst einfach handeln! Ok, ich gebe zu, das klingt jetzt einfacher als gesagt. Doch zum Glück bist Du nicht allein. Das neue Erfolgsbuch "Von 0 zur ersten Million" von Marc Galal hilft Dir dabei, Deinen persönlichen Traum zu verwirklichen. Sichere Dir jetzt diese fantastische Geschichte und tauche ein in eine Welt voller Reichtum!
Marc Galal schenkt Dir die Geheimnisse des Erfolges.

Du erhältst dieses Buch als Geschenk und brauchst nur die Versand- und Logistikkosten von 4,99 € (egal wo Du wohnst) zu übernehmen.

Was Du aus diesem Buch mitnehmen kannst...

- Über 350 Seiten geballtes Wissen verpackt in eine wunderschöne und geistreiche Geschichte mit einer sympathischen Hauptfigur
- Eine Schritt-für-Schritt-Anleitung, mit der Du weniger arbeitest und mehr verdienst
- Praxisnahe Taktiken und Erfolgsformeln, die Dich auf das nächste Level bringen und Dir den effektivsten Weg zu Deinem Erfolg zeigen
- Und noch vieles mehr...also zögere nicht. Sichere Dir jetzt Dein Exemplar und starte den Weg zu Deiner ersten Million.

Für wen wurde dieses Buch geschrieben?

- Dieses Buch wurde für all diejenigen geschrieben, die endlich aus ihrem Hamsterrad aussteigen und das Leben leben möchten, das sie verdient haben.
- Für all diejenigen, die wirklich reich werden möchten, doch bisher noch nicht wussten, wie sie es anpacken sollen.
- Für alle, die bisher voller Selbstzweifel ihr Potenzial versteckt haben und jetzt endlich die

Mauern ihrer Angst einreißen und aus ihrem Kopf-Gefängnis ausbrechen möchten.

- Dieses Buch wurde für Dich geschrieben.

Dieses Buch über Erfolg ist anders, als alle anderen Bücher, die Du jemals gelesen hast, denn...

- ...es ist KEIN schnödes Sachbuch, bei dem Du schon nach 3 Seiten einschläfst.

- ...es ist KEINE endlose Aneinanderreihung von To-Do-Listen und halbgaren Erfolgstipps.

- ...es ist KEIN Fachchinesisch-Buch, bei dem selbst der Autor nicht versteht, was er da schreibt.

Erhältlich unter folgendem Link:
https://www.digistore24.com/redir/240876/DocOnken

Wer ist Marc Galal?

Marc Galal ist einer der besten Erfolgstrainer Europas und zudem Experte für Persönlichkeits-entwicklung und Verkaufspsychologie. Er ist lizenzierter Trainer der Society of NLP (USA) und hatte das Privileg, von NLP-Altmeister Richard Bandler persönlich ausgebildet worden zu sein.

Seine Seminare besuchen jährlich mehrere Tausend Menschen - und das nun seit mehr als 18 Jahren. Marc Galal ist Verfasser von tausenden Fachartikeln und mehreren erfolgreichen Bü-chern.

Bereits 1,9 Millionen Zuhörer, Leser und Fans kennen seine Erfolgsstrategie und es werden täg-lich mehr. Zahlreiche Unternehmen wie Toyota, Nike, Bang & Olufsen und Renault setzen be-reits seit Jahren auf sein Wissen.
Marc Galal wurde ausgezeichnet als Top Speaker, FOCUS Top Coach, Trainer des Jahres und er ist zudem unter den Top 100 der Erfolgstrainer. Er ist ausgebildeter NLP-Therapeut, Hypnose-Therapeut und wurde ebenfalls in der provokativen Therapie ausgebildet.

Durch seine umfangreiche Ausbildung entwickelte er die nls®-Strategie, die große Erfolge in allen Bereichen des Lebens ermöglicht. Die Marc Galal GmbH ist zudem ISO-zertifiziert.
Doch Marc Galal war nicht immer so erfolgreich. Er weiß, wie es ist, ganz unten zu sein. Wenn man kein Licht mehr am Ende des Tunnels sieht. Er weiß, wie es ist, vollkommen pleite zu sein und kein Geld mehr zu haben. Doch er weiß auch, wie man aus diesem Loch wieder heraus-kommt. Dieses Erfolgswissen gibt er in seinen Seminaren, Büchern und Hörbüchern weiter. Er möchte, dass Du Ja sagst zu Deinem Leben. Du sollst den Mut

bekommen, das Leben zu leben, das Du Dir schon immer gewünscht hast. Sein persönliches Ziel ist es, 5 Millionen Menschen dabei zu helfen, erfolgreiche Designer ihres eigenen Lebens zu werden.

Und mit diesem Buch möchte er auch Dir diese Chance geben.

Erhältlich unter folgendem Link:
https://www.digistore24.com/redir/240876/DocOnken

Die Experten Formel

Aufgepasst! Thomas Klußmann und Christoph J.F. Schreiber verschenken ihr brandneues Buch "Die Experten Formel". Es ist die Anleitung, mit der du dein Wissen in ein digitales Exper-ten Business verwandeln kannst. Das Besondere: An der Experten Formel haben 16 der erfolg-reichsten Trainer Deutschlands mitgeschrieben!

Jetzt Exemplar der Experten Formel sichern!
(207 Seiten. 16 Co-Autoren. 100% Mehrwert.)

Es muss ein Mammutprojekt gewesen sein. Letztlich ist es Thomas und Christoph aber gelun-gen, einen Großteil der deutschen Trainer-Elite als Co-Autoren für dieses Buch zu gewinnen.

Mit dabei sind Bodo Schäfer, Calvin Hollywood, Dirk Kreuter, Felix Thönnessen, Gönül Pehlivan, Hermann Scherer, Jörg Löhr, Jürgen Höller, Laura Malina Seiler, Prof. Dr. Lothar Seiwert, Miriam Höller, Marcel Knopf, Markus Hofmann genauso wie Dr. Renée Moore, Dr. Stefan Frädrich und Tobias Beck!

Das Beste: Gerade gibts das Buch für dich noch kostenfrei! Also – wenn du eine Karriere als Speaker,

Trainer oder Coach anstrebst – oder sie ausbauen möchtest. Eine Karriere, bei der du für dein Fachwissen bezahlt wirst. Dann greif jetzt zu!

Wo ist der Haken? Es gibt keinen! Du wirst lediglich gebeten, dich an den Produktions- und Versandkosten (Deutsche Post) zu beteiligen.

PS: Die Experten Formel steckt voller Praxiswissen. 16 der erfolgreichsten Trainer Deutschlands haben mitgewirkt und teilen Herausforderungen, Erfolgsmomente und Erfolgsstrategien ihrer Expertenkarriere. Nur die 1. Auflage wird verschenkt, also greif zu, bevor alle Exemplare vergriffen sind.

Ja, ich will die Experten Formel kostenfrei!

Dann benutze folgenden Link:
https://www.digistore24.com/redir/272694/DocOnken

Impressum

1. Auflage

Kontakt: Marko Eickholt/ Heimannstr. 45/ 46240 Bottrop
Coverfoto: depositphotos.com
Covergestaltung: Jana Schuhmann

Haftungsausschluss

Der Inhalt dieses Buches wurde mit großer Sorgfalt geprüft und erstellt. Für die Vollständigkeit, Richtigkeit und Aktualität der Inhalte kann jedoch keine Garantie übernommen werden. Der Inhalt dieses Buches repräsentiert die persönliche Erfahrung und Meinung des Autors und dient nur der Unterhaltung. Der Inhalt sollte nicht mit medizinischer Hilfe verwechselt werden. Es wird keine juristische Verantwortung oder Haftung für Schäden übernommen, die durch kontraproduktive Ausübung oder Fehler des Lesers entstehen. Es kann keine Garantie für den Erfolg übernommen werden. Der Autor übernimmt daher keine Verantwortung für das Nicht-Erreichen der im Buch beschriebenen Ziele. Dieses Buch enthält Links zu anderen Webseiten. Auf den Inhalt dieser Seiten haben wir keinen Einfluss. Deshalb kann auf diesen Inhalt auch keine Gewähr übernommen werden. Die verlinkten Seiten wurden zum Zeitpunkt der Verlinkung auf mögliche Rechtsverstöße überprüft. Für die Inhalte der verlinkten ist aber der jeweilige Anbieter oder Betreiber der Seiten verantwortlich. Rechtswidrige Inhalte konnten zum Zeitpunkt der Verlinkung nicht festgestellt werden.

Printed in Poland
by Amazon Fulfillment
Poland Sp. z o.o., Wrocław

61669507R00061